Palavras de consolo para momentos de dor

Palavras de consolo para momentos de dor

Traduzido por

Valéria Delgado

Editora Mundo Cristão
São Paulo

Palavras de consolo para momentos de dor
Categoria: Espiritualidade / Vida Cristã

Publicado originalmente por Harvest House Publishers, Oregon, EUA.

Editora responsável: Silvia Justino
Editor assistente: Aldo Menezes
Preparação de texto: Gibson James
Supervisão de produção: Lilian Melo
Capa: Douglas Lucas
Crédito de imagem: Robert Redelowski (xícara) e Emrah Turudu (sachê)

Os textos das referências bíblicas foram extraídos da *Nova Versão Internacional* (Sociedade Bíblica Internacional), salvo indicação específica.

Dados Internacionais de Catalogação na Publicação (CIP)
(Câmara Brasileira do Livro, SP, Brasil)

Wright, H. Norman
Palavras de consolo para momentos de dor / H. Norman Wright; traduzido por Valéria Delgado — São Paulo: Mundo Cristão, 2006.

Título original: Quiet times for those who need comfort.
ISBN 85-7325-437-8

1. Consolação 2. Sofrimento — Aspectos religiosos — Cristianismo — Meditação I. Título.

06-8330 CDD 242.4

Índice para catálogo sistemático
1. Consolação: Meditações: Cristianismo 242.4

Publicado no Brasil com a devida autorização e com todos os direitos reservados pela:
Associação Religiosa Editora Mundo Cristão
Rua Antônio Carlos Tacconi, 79 — CEP 04810-020 — São Paulo — SP — Brasil
Telefone: (11) 2127-4147 — Home page: www.mundocristao.com.br

Editora associada a:
- Associação Brasileira de Editores Cristãos
- Câmara Brasileira do Livro
- Evangelical Christian Publishers Association

A 1.ª edição foi publicada em novembro de 2006.

Impresso no Brasil
10 9 8 7 6 5 4 3 2 1 06 07 08 09 10 11

Sumário

1

Quietude

Está tranqüilo. Tudo o que se ouve são os sons do silêncio. Às vezes, o silêncio traz uma sensação de alívio, até de um descanso de qualquer coisa que tenha ocupado sua mente nos últimos dias ou mesmo semanas. Para muitos, a quietude é um visitante bem-vindo. Para outros, significa enfrentar a dor que tão impetuosamente tentam evitar. Atividades são usadas como anestésicos para amenizar a dor que nos invade como uma companhia que não foi convidada.

A quietude usa muitas vozes para falar conosco. Ela pode ter a voz da culpa, questionando-nos por aquilo que deixamos de fazer ou fizemos, mas que gostaríamos não fosse assim. Em seguida, sentimos o espírito sendo fustigado por vozes que nos acusam.

A quietude também tem uma voz que traz à mente uma descrição vívida da pessoa que não mais faz parte da nossa vida. Esse pensamento inunda o coração, o que gera uma cascata de lágrimas. Talvez essa seja a razão por que muitos preenchem os dias com tantas atividades e pessoas — pois alivia a dor.

O que a maioria das pessoas deseja dos momentos de paz? Deseja ouvir a voz do consolo. Qualquer um que esteja ferido, lutando com a tristeza, sofrendo e tentando vencer as seqüelas de uma perda está à procura de consolo. Você está assim?

Consolo — uma simples palavra de sete letras e inúmeros significados. Pode significar auxílio reforçado, conforto em tempo de angústia ou aflição, um sentimento de alívio ou encorajamento, ou alívio do sofrimento ou da angústia. Essa é sua situação? É de alívio que você precisa neste exato momento? Você precisa ser encorajado de alguma forma? Qual é a dor em sua vida que você gostaria de ver cessar neste momento? É provável que seu desejo neste momento seja contar com a companhia do consolo. Talvez você seja um daqueles que se perguntam se é possível ter algum consolo.

Você não está sozinho. Quando a devastação da vida veio sobre Jó, tirando-lhe os filhos e grande parte do que possuía, ele disse: "Ando de luto, sem consolo". O salmista clamou a Deus: "Quando me consolarás?".

O consolo virá, quem sabe, quando e onde menos se espera. Agarre-se ao conhecimento desse fato — talvez seja preciso que sua mente convença seu coração de que as coisas são assim. O sofrimento *não* durará para sempre. Pode parecer o contrário, mas, por fim, ele desaparecerá.

A Palavra de Deus será uma de suas fontes de consolo, assim como será o toque, a palavra ou a oração de outras pessoas. O salmista disse: "Este é o meu consolo no meu sofrimento: A tua promessa dá-me vida" (Sl 119:50). "Então as moças dançarão de alegria, como também os jovens e os velhos. Transformarei o lamento deles em júbilo; eu lhes darei consolo e alegria em vez de tristeza" (Jr 31:13). "Vocês se entristecerão, mas a tristeza de vocês se transformará em alegria" (Jo 16:20).

Lembre-se destas palavras e faça esta oração várias vezes hoje:

> Deus, eu preciso do teu consolo e o desejo. Dá-me coragem e traze à minha vida outras pessoas que andem ao meu lado para me sustentar. Obrigado por ouvires a minha oração e por responderes. Em nome de Jesus, amém.

2

Quem guarda sua vida?

Consolo. Às vezes ele é vago, principalmente quando parece que as preocupações e perdas não cessarão. Elas simplesmente continuam vindo, e você não tem tempo para tratar da última antes que uma nova surja em sua vida. "Onde está o socorro?", você se pergunta. Lembre-se de que consolo significa "ser encorajado". O encorajamento pode vir de muitas fontes — um amigo telefona, um cartão chega em meio à correspondência, alguém lhe dá um abraço carinhoso. Ele também pode vir de outra fonte — a Palavra de Deus. Veja estas palavras e promessas que temos no salmo 121:

> Levanto os meus olhos para os montes e pergunto: De onde me vem o socorro? O meu socorro vem do SENHOR, que fez os céus e a terra. Ele não permitirá que você tropece; o seu protetor se manterá alerta, sim, o protetor de Israel não dormirá; ele está sempre alerta! O SENHOR é o seu protetor; como sombra que o protege, ele está à sua direita. De dia o sol não o ferirá, nem a lua, de noite. O SENHOR o protegerá de todo o mal, protegerá a sua vida. O SENHOR

protegerá a sua saída e a sua chegada, desde agora e para sempre.

Ao ler esse salmo, o que você vê que lhe oferece consolo? Deus sempre o guarda. Ele não dorme. Ele está sempre presente. Mesmo que você se pergunte onde ele está agora, ele o está guardando. Ele o está protegendo durante o dia e a noite. Como são suas noites neste momento? Para muitos, são as piores. Você se deita e tenta dormir. Quanto mais tenta, pior se torna. E a mente fica a todo vapor. Quanto mais analisa a situação, mais acordado fica. Então olha para o relógio e percebe que se passou uma hora enquanto a mente divagava. Você continua a dizer: "Tenho de dormir", mas isso não funciona. Os temores e a insônia da noite são companheiros constantes.

Lembre-se da promessa de Deus! Ele o protegerá durante a noite. Quando você estiver acordado, siga o conselho deste versículo e poderá se surpreender com os resultados: "Quando me deito lembro-me de ti; penso em ti durante as vigílias da noite" (Sl 63:6). Os versículos 7 e 8 podem dar-lhe consolo no presente e no futuro: "Porque és a minha ajuda, canto de alegria à sombra das tuas asas. A minha alma apega-se a ti; a tua mão direita me sustém".

Há quatro coisas que devem ser lembradas:

1. Deus livra você do mal. Lembre-se disso várias vezes, hoje. Ainda que aconteça o pior, você não o enfrentará sozinho. A vida não está sem direção, mesmo que você não entenda o que está acontecendo no momento.

2. Deus preserva sua vida, aqui e para sempre. Se tivermos um relacionamento pessoal com Jesus Cristo, nossa vida nunca acaba. Temos o dom da vida eterna.
3. Deus o preserva todos os dias, e não só em determinados dias da semana. Às vezes, nós nos perguntamos onde ele estava naquele dia em particular. Você já disse: "Deus está comigo hoje, em todos os momentos e em todos os lugares"? Ele não se limita ao tempo e ao espaço. Ele conhece seus pensamentos, sentimentos e intenções. Ao entrar naquela loja ou dirigir aquele carro, você não está sozinho. Sinta-se confortado com esse fato.
4. Deus preserva você eternamente. Deus sempre cuida de você — e não algumas vezes sim, outras, não. Ele não cessa nem deixa de cuidar de você.

Se há uma coisa que deve ser lembrada hoje, é esta: Deus é quem guarda sua vida, sempre.[1] Ele está velando por você, como descreve Eugene Peterson:

> A vida cristã não é uma fuga silenciosa para um jardim onde possamos caminhar e conversar sem parar com nosso Senhor, nem uma viagem imaginária para uma cidade celestial onde possamos comparar prêmios e medalhas de ouro com outros que já deram a volta dos vencedores [...] A vida cristã é seguir em direção a Deus. Seguindo em

[1]David JEREMIAH, *A bend in the road*, Nashville, Word, 2000, p. 66-74. [Publicado em português sob o título *Uma curva na estrada* (São Paulo: Vida, 2004).]

direção a Deus, os cristãos passam pelo mesmo caminho que todos percorrem, respiram o mesmo ar, bebem a mesma água, compram nas mesmas lojas, lêem os mesmos jornais, são cidadãos sob autoridade dos mesmos governos, pagam os mesmos preços pelos mantimentos e combustível, temem os mesmos perigos, estão sujeitos às mesmas pressões, têm as mesmas aflições, são enterrados no mesmo lugar.

A diferença é que cada passo que damos, cada respiro que damos, sabemos que somos preservados por Deus, sabemos que temos a companhia de Deus, sabemos que somos dirigidos por Deus e, portanto, independentemente das dúvidas que sofrermos ou dos acidentes que experimentarmos, o Senhor irá livrar-nos do mal, ele guardará nossa vida.[2]

[2]*A long obedience in the same direction*, Downer's Grove, InterVarsity, 1980, p. 40-1. [Publicado em português sob o título *Uma longa obediência na mesma direção* (São Paulo: Cultura Cristã, 2005).]

3

Para que serve o choque?

Você está chocado. A notícia que recebeu não foi boa. Na verdade, é difícil acreditar. Pode até pensar que alguém cometeu um engano. Não é verdade! Não pode ser! O fato simplesmente não entra em sua cabeça. Raymond R. Mitsch e Lynn Brookside, autores de *Grieving the loss of someone you love* [*Sofrendo a perda de alguém que você ama*], descrevem muito bem a questão em um capítulo intitulado "Anestesia de Deus":

> Quando passamos por um grande choque, como quando perdemos alguém que amamos, isso altera nossas percepções por um tempo. As cores parecem apagadas, o canto dos pássaros parece desafinado — se é que o ouvimos. Até as coisas que mais gostamos de comer parecem sem sabor. O mundo inteiro parece desfocado.
>
> Muitas vezes nos sentimos anestesiados, e qualquer movimento passa a ser um esforço. Podemos até esquecer os elementos mais comuns de nossa vida. Podemos, de repente, olhar à nossa volta quando paramos em um sinal vermelho e perceber que não temos idéia de onde estamos e acabar

por descobrir, quando realmente nos concentramos, que estamos a apenas alguns quarteirões de casa. Podemos encarar alguém em meio à total confusão, incapazes de lembrar o número do telefone para o qual ligamos durante anos.

Tais acontecimentos são comuns entre os que perdem uma pessoa querida. Podem ser embaraçosos, mas se tivermos cuidado, raramente serão perigosos. É claro que, se estiver muito distraído e incapaz de se concentrar, o melhor a fazer é conseguir alguém para levá-lo aos lugares até que esteja se situando melhor. Você desejará convidar pessoas de sua confiança a participar de decisões que não podem ser adiadas quando tiver de tomá-las. Entretanto, você pode simplesmente "agüentar firme" e esperar até que essa fase específica de seu sofrimento passe. Esteja certo de que ela passará.

É possível que algumas pessoas interpretem seu choque como uma atitude de indiferença. Até você pode estar confuso com essa situação. Certa mulher, Margie, teve dificuldade para se perdoar por ser "insensível", porque, na tarde do dia em que sua mãe morreu, ela levou a filha para comprar um vestido para o baile de formatura. Ao olhar para trás, Margie não conseguia entender por que pensou que comprar roupas era um compromisso tão importante que não podia ser adiado. Ela ficou envergonhada de si mesma por não ter se consumido de dor logo após saber da morte da mãe.

Se você já teve a mesma experiência, não há necessidade de se sentir envergonhado. O fato de reagir tão bem logo após a morte de uma pessoa querida não indica, de forma alguma, que você não sente amor ou não tem sentimento. É simplesmente um reflexo do modo maravilhoso que Deus nos proporcionou para que reagíssemos em momentos de grande sofrimento. Isso pode acontecer pouco antes de você sentir todo o impacto da perda. Seja agradecido por isso. Haverá tempo suficiente para você sentir a própria dor.

O momento do choque é um bom momento para reafirmar a fé. Talvez haja momentos num futuro próximo em que você terá chance de duvidar de Deus e sua bondade. Você pode amenizar a força dessas dúvidas se usar esses momentos de choque para confirmar e reafirmar a fé em Deus e a veracidade de sua Palavra. Aprofundar agora as raízes espirituais no firme alicerce da Palavra de Deus permitirá que você permaneça arraigado e alicerçado em meio à tempestade.[1]

[1]Ventura, Gospel Light / Regal Books, 2004, p. 40-2, usado com permissão.

4

A verdade à qual devemos nos apegar

As perdas que causam sofrimento, sejam elas comuns, sejam as terríveis experiências de um trauma, são de fato as coisas mais difíceis que enfrentaremos. Lembremo-nos, então, de algumas verdades que nos ajudarão a atravessar a jornada de sofrimento.

Sofrimento é uma jornada que tem fim

Deus nos fez com a capacidade interna de adaptar-nos às perdas mais chocantes da vida. Essa adaptação não acontece em questão de dias ou mesmo semanas, se a perda tiver sido muito grande. Na verdade, leva meses e anos para ocorrer. Isso não significa que se um ente querido morrer você não poderá superar essa perda por um tempo muito longo; ao contrário, você será atingido e continuará a ajustar sua vida interior e exterior por muito tempo. Por instinto, procuramos formas para superar essas situações desde o começo e, com a graça de Deus, encontramos maneiras para atravessar longos dias e, às vezes, noites mais longas.

Mas, com o passar do tempo, a jornada finalizará. Às vezes damos passos como os de crianças; em outras, os passos são bem mais largos. O fim da jornada não significa que as lembranças são apagadas. Ainda que nos aproximemos desse fim, não significa que, nos anos futuros, não sejamos surpreendidos por um sentimento de dor quando nos lembrarmos do momento da separação em que houve a perda. Contudo, teremos aprendido a mudar a vida para que seja um modo novo e adaptado de viver.

Você não precisa seguir a jornada sozinho

A perda é sua e, neste sentido, você está sozinho. Ninguém pode de fato se colocar ao seu lado e dizer que sabe exatamente pelo que você está passando (embora não devamos ficar surpresos quando outras pessoas tentam dizer isso). No entanto, há quem passou pelo mesmo *tipo* de experiência que você. Se você perdeu o filho, ou o cônjuge, ou um de seus pais, ou o emprego, ou o casamento, há outros que já passaram pela mesma jornada. O mais importante é que existem pessoas que conseguiram chegar ao outro lado. Procure-as. Conte-lhes sua história. Não espere que alguém tenha toda a sabedoria, discernimento e compaixão de que você está precisando em sua perda, mas aceite todo apoio que puder nas convicções de pessoas que tiveram a oportunidade de levar adiante a vida, mesmo depois de terem sofrido um golpe que as deixou no chão.

Ninguém pode arrancar-lhe as lembranças vivas, a realidade das coisas boas que você experimentou com aquela pessoa que você perdeu

Sentiríamos menos dor se jamais tivéssemos algo ou alguém para perder, mas isso só serviria para nossa miséria. Se você está passando por uma experiência de dor, provavelmente isso esteja acontecendo porque houve alguém ou algo bom em sua vida de cuja ausência você está perfeitamente ciente agora. Ter sido capaz de apreciar o que tinha só lhe dá crédito, e você leva consigo para o futuro as mesmas capacidades para amar e valorizar.

Se você se tornou uma pessoa melhor ou mais completa por causa de um relacionamento íntimo, então você realmente mudou para melhor, e isso enobrece a vida da pessoa que agora se foi.

Deus ofereceu a si mesmo em sua dor

Deus prometeu que não nos deixaria sozinhos, que a vida de criaturas como nós, que experimentamos dor e sofrimento, será, no final, restaurada e curada, se nós nos apegarmos a ele, e que é possível reunirmo-nos com aqueles cujo destino final é um relacionamento eterno com o Pai. Quando deixou os discípulos, Jesus pôde ver a dor nos olhos deles. Ele lhes disse que sofreriam por um tempo, mas o sofrimento se transformaria em alegria.

Na vida de Jesus vemos o próprio Deus experimentando todos os tipos básicos de perda pelos quais passamos: foi traído por amigos e rejeitado por aqueles a quem veio ajudar; chorou junto ao túmulo de um amigo e tremeu de ansiedade na noite que antecedeu sua prisão e morte; viu pessoas jogando fora a vida que tinham e escarnecendo de tudo o que realmente importa para Deus.

Mas ele também viu outras coisas. Viu o esplendor da ressurreição depois da escuridão do túmulo. Ele nos viu aptos para estar diante de Deus vestidos de justiça. Sabe que somos pavio fumegante e caniço rachado (v. Is 42:3). Mas em vez de nos apagar ou quebrar, dá-nos graça para prosseguir.

Quando estamos diante de uma perda trágica, é possível que não nos sintamos firmes em nossa fé. Mas devemos nos lembrar que a fé, em sua essência, é para a pessoa fraca e transtornada que se lança à misericórdia de Deus. Se fizermos isso, nós nos veremos sustentados.[1]

> Será que você não sabe? Nunca ouviu falar? O SENHOR é o Deus eterno, o Criador de toda a terra. Ele não se cansa nem fica exausto; sua sabedoria é insondável. Ele fortalece o cansado e dá grande vigor ao que está sem forças. Até os jovens se cansam e ficam exaustos, e os moços tropeçam e caem; mas aqueles que esperam no SENHOR renovam as suas forças. Voam alto como águias; correm e não ficam exaustos, andam e não se cansam.
>
> Isaías 40:28-31

[1]Mel LAWRENZ e Daniel GREEN, *Life after grief*, Grand Rapids, Baker Books, 1995, p. 119-22, adaptado.

5

Erga os olhos

"Olhe! Olhe!", gritam os que estão à sua volta, querendo que você veja algo. Eles não querem ver você perder isso. Poderia ser o nascer do sol ou o pôr-do-sol. Poderia ser uma águia voando lá no alto. Quando a dor bate, passamos a maior parte do tempo olhando para baixo. A vida continua à nossa volta, mas não percebemos muita coisa. Logo perdemos nossa perspectiva. Não conseguimos ver o que precisa ser visto. Alguns dizem que se sentem "desorientados". Há muitos tipos diferentes de desorientação.

Para os que voam, há um termo aeronáutico usado quando alguém perde o horizonte de vista: desorientação espacial. Isso pode ser fatal. Manuais de treinamento de vôo descrevem como isso funciona. Os olhos ajudam a determinar a velocidade e direção do vôo ao comparar a posição da aeronave em relação a algum ponto fixo de referência. Oito por cento de nossas informações sobre orientação vêm do sistema visual. Mas, às vezes, a desorientação ocorre por causa de falta de equilíbrio no ouvido. Quando isso acontece, torna-se difícil para o piloto determinar se o avião está subindo, descendo ou fazendo uma curva. Outros fatores que podem levar a essa desorientação são nevoeiro ou neblina, ou quando não se pode ver o horizonte.

Quando estão sofrendo, muitos dizem: "É como se eu estivesse em meio a um nevoeiro ou cerração". Quando qualquer perda ou tragédia acontece, é provável que haja desorientação em seguida. Os sentidos não estão aguçados. Perde-se o equilíbrio emocional e o senso de estabilidade. O que o sustenta rui debaixo dos pés. Você está experimentando sua desorientação espacial. Para cima parece para baixo, e a vida está girando descontroladamente. Se você já teve essa experiência, é normal — e isso é uma boa notícia. A outra boa notícia é que há como não ficar desorientado. Você tem à sua disposição estabilidade e equilíbrio em meio ao caos quando desenvolve um novo foco.

Primeiro, pratique o seguinte:

> Não andem ansiosos por coisa alguma, mas em tudo, pela oração e súplicas, e com ação de graças, apresentem seus pedidos a Deus. E a paz de Deus, que excede todo o entendimento, guardará o coração e a mente de vocês em Cristo Jesus. Finalmente, irmãos, tudo o que for verdadeiro, tudo o que for nobre, tudo o que for correto, tudo o que for puro, tudo o que for amável, tudo o que for de boa fama, se houver algo de excelente ou digno de louvor, pensem nessas coisas. Ponham em prática tudo o que vocês aprenderam, receberam, ouviram e viram em mim. E o Deus da paz estará com vocês.
>
> Filipenses 4:6-9

Em seguida, "tendo os olhos fitos em Jesus, autor e consumador da nossa fé. Ele, pela alegria que lhe fora proposta, suportou a cruz, desprezando a vergonha, e assentou-se à direita do trono de Deus" (Hb 12:2). A expressão "*ter os olhos fitos*" significa "considerar com atenção".

No Antigo Testamento, a idéia de fixar a atenção em Deus e em sua Palavra significava meditar. A meditação dá um foco mais claro. Veja o que diz o salmista:

> Meditarei nos teus preceitos e darei atenção às tuas veredas. Tenho prazer nos teus decretos; não me esqueço da tua palavra.
>
> Salmos 119:15,16

> A ti levanto minhas mãos e medito nos teus decretos.
>
> Salmos 119:48

> Meditarei em todas as tuas obras e considerarei todos os teus feitos.
>
> Salmos 77:12

Seja paciente. A desorientação cessará. Você tornará a ver com clareza.[1]

[1]Pamela e Richard KENNEDY, *Suffering in slow motion*, Ventura, Regal Books, 2003, p. 83, adaptado.

6

Apegue-se à esperança

Todos procuram soluções, principalmente soluções rápidas, mesmo se tratando das perdas que experimentamos. As perguntas sobre perda vão desde "Como superamos isto?" a "Como consertamos isto?". Uma pergunta melhor é "Como convivo com isto?". Nenhum de nós tem muito controle da situação em que experimentamos a perda, da freqüência com que a experimentamos ou de qual será a nossa perda. Mas há uma área em que temos certo controle: o modo como reagimos.

Aqui estão três sugestões que podem ajudá-lo:

1. Viva com esperança, e não com expectativas. Há uma diferença entre as duas. A expectativa tenta ditar as condições para Deus. Insiste em que Deus faça as coisas à nossa maneira e no nosso tempo. Quando temos expectativas para Deus, estamos tentando impor a ele nosso cronograma e fazer mudanças de acordo com o que queremos. Mas tudo o que isso faz é preparar-nos para a frustração. Deus não age dessa forma porque ele é soberano.

A esperança, no entanto, é plausível, pois acredita que Deus fará alguma coisa. É estar atento ao que ele fará, mas sem exigências. Quando você tem uma atitude de esperança, ela permite que Deus faça o que vai fazer e quando e como ele o fará. Alguém disse: "É assim que nós nos apegamos às promessas de Deus sem torná-lo refém de nossas exigências".[1]

2. Desenvolva a perspectiva. Tal atitude vem de inúmeras fontes e pode libertá-lo da visão limitada da dor. As Escrituras ajudam-nos a manter a vida em perspectiva. "A tua palavra é lâmpada que ilumina os meus passos e luz que clareia o meu caminho" (Sl 119:105). Seus amigos também podem ser fonte de perspectiva, principalmente se forem bons ouvintes e entenderem a dor. Um amigo pode ser uma mão na roda e lhe dar incentivo, mas você precisa pedir-lhe ajuda.
3. O último passo é agarrar-se à esperança. Quando se está sofrendo, o foco tende a se concentrar no passado e no presente. E isso é compreensível. É difícil olhar para o futuro. Mas a esperança faz com que você se lembre de que existe futuro.[2]

Esperar é desejar — você deseja algo que ainda não tem. É também crer. Você crê que aquilo que deseja no futuro *pode* de fato acontecer algum dia. Mas, ao esperar, você também pode

[1]Pamela e Richard KENNEDY, *Suffering in slow motion*, Ventura, Regal Books, 2003, p. 83, adaptado.

[2]Ibid., p. 78-80, adaptado.

duvidar, uma vez que não tem certeza de nada. Há uma exceção a isso, no entanto, que pode trazer consolo a todos nós. Lewis Smedes disse: "A esperança cristã não é crer no possível; é apropriar-se daquilo que é certo. É um dom da certeza de que aquilo que Deus promete, ele seguramente cumprirá. É por isso que Paulo a chama de a 'esperança que não confunde'".[3]

A esperança que temos é a certeza de que Deus nos ama e nos concedeu salvação por meio de seu Filho. Não só isso, há algo que chamamos de "Bendita Esperança". Aguardamos e buscamos a Bendita Esperança, até a gloriosa aparição de nosso grande Deus e Salvador, Cristo Jesus.

Jesus está voltando! Concentrar-se nessa verdade irá ajudá-lo a colocar tudo em perspectiva.

[3]Lewis SMEDES, *How can it be all right when everything is all wrong?* São Francisco, Harper & Row, 1982, p. 128.

7

Os vales não duram para sempre

A maioria de nós conhece bem o salmo 23: "Mesmo quando eu andar por um vale de trevas e morte, não temerei perigo algum, pois tu estás comigo; a tua vara e o teu cajado me protegem" (v. 4). Tais palavras são grande fonte de consolo e segurança, principalmente quando estamos passando pelo vale. Quando escreveu essas palavras, o salmista estava pensando naqueles que têm passado por momentos difíceis.

Trevas é o termo que muitos usam para descrever suas experiências de perda. A vida parece ficar escura e sombria porque as luzes se apagaram ou se foram por completo.

Não foi você que escolheu ir para esse vale. Não conheço ninguém que faria tal escolha. Mas ao entrar nele, você não está sozinho, ainda que assim pareça. "O SENHOR é o meu pastor; de nada terei falta" (Sl 23:1). O salmista continua:

> Em verdes pastagens me faz repousar e me conduz a águas tranqüilas; restaura-me o vigor. Guia-me nas veredas da justiça por amor do seu nome (v. 2,3).

Por fim, diz:

> Mesmo quando eu andar por um vale de trevas e morte, não temerei perigo algum, pois tu estás comigo; a tua vara e o teu cajado me protegem (v. 4).

O pastor é aquele em quem você pode confiar quando está passando pela experiência no vale (e lembre-se: é um vale, e não um cânion. Há uma saída).

Uma das palavras muitas vezes ignoradas está no versículo "Mesmo quando eu andar por um vale". Os vales não duram para sempre. A dor e as horas mais escuras não duram para sempre. Todos os que estão sofrendo têm uma experiência no vale. Mas não é permanente, embora possa se surpreender com isso. Um vale é formado por montanhas que o cercam. Quando você estiver em um vale, erga os olhos e verá além — isso em si mesmo seria uma base para a esperança.[1]

Talvez as palavras deste homem que perdeu a esposa irão incentivá-lo:

> Olho agora para os vários anos que se passaram. Às vezes, eu realmente me pergunto como consegui suportar a dor. Então, percebo que não venci a dor. Foi Deus quem o fez. "O SENHOR é o meu pastor; de nada terei falta. Em verdes

[1]Susan J. ZONNEBELT-SMEENGE, enfermeira certificada, doutora em Educação, e Robert C. DEVRIES, doutorado em Ministério, Ph.D, *Getting to the other side of grief*, Grand Rapids, Baker Books, 1998, p. 56-60, adaptado, usado com permissão.

pastagens me faz repousar e me conduz a águas tranqüilas" (Sl 23:1,2). Lá estou de volta novamente — nas campinas. Por meio de Cristo, suportei o vale. Esta parte de minha jornada está concluída.

Talvez eu tenha de passar pelo vale novamente porque tenho muitas pessoas em minha vida a quem amo muito, e enfrentar a morte nunca é fácil. Mas Deus me conduziu pelo vale uma vez; ele o fará novamente. Sei que se eu estiver entrando no vale, resistindo a ele ou saindo do vale da sombra da morte, não temerei mal algum. Estou convencido de que a bondade e o amor de Deus me seguirão todos os dias de minha vida, e habitarei na casa do Senhor para sempre.[2]

[2]Ibid., p. 61.

8

O sofrimento é um novo começo

"O sofrimento é uma constante ou será que ele tem outro lado?" Esta é uma pergunta que assusta a muitos durante a jornada de sofrimento. Sofrer é algo muito exaustivo, tedioso, desagradável e doloroso. A impressão é que ele nunca será aliviado. Você passará pelo processo e fará algumas descobertas do outro lado! Você provavelmente já ouviu, a esta altura, outras pessoas dizerem que é preciso "resistir a seu sofrimento". Não resista. Use-o. Aceite-o. Aprenda com ele. Faça a escolha de sofrer. Encare-o e pergunte: "Sofrimento, o que posso aprender com você?".

O que você descobre talvez dependa de você. Alguns se tornam pessimistas e amargurados com a vida. Outros mudam seus valores, ficam mais compassivos, doam-se mais e, em alguns casos, ficam até mais vivos. Você será transformado por sua perda, mas não deixe que ela seja uma mudança negativa. Agarre-se à crença de que sofrer é uma experiência que pode ter um propósito positivo. Aprenda com os que experimentaram um resultado positivo e evite os que deixaram que a vida fosse mutilada pela dor que passaram. O sofrimento *não* é uma sentença de morte emocional para sua vida e alegria, ainda que haja momentos em que você tenha essa impressão. Ao longo da vida, você pode reviver a dor causada pela perda, mas isso não passará de uma lembrança.

A cada perda que experimentamos, deparamos com a situação de criar um novo começo de alguma forma. À medida que você lê a Bíblia, muitas vezes vê novos começos. Você está ciente de que o processo de sofrimento não é um fim? É um novo começo! É uma oportunidade e um privilégio de usá-lo da melhor maneira possível, mesmo que você não tenha pedido isso. Mas ele está ali para ser usado. Um dia, você passará para o outro lado do sofrimento.[1]

Um amigo escreveu o seguinte (oro para que estas palavras lhe dêem consolo):

Pranto transformado em dança

Dizem que eu deveria dançar na presença de Deus,
Ainda que o meu coração esteja oprimido pelo sofrimento,
Dizem que eu deveria me deleitar na misericórdia de Deus,
Ainda que a minha vida esteja destruída pela dor.
Uma pessoa especial morreu.
Esta é a noite escura da minha alma.

Dias e meses passam.
Noites e manhãs dificilmente passam.

[1]Susan J. ZONNEBELT-SMEENGE, enfermeira certificada, doutora em Educação, e Robert C. DEVRIES, doutorado em Ministério, Ph.D. *Getting to the other side of grief*, Grand Rapids, Baker Books, 1998, p. 18-9,214, adaptado, usado com permissão.

Meu sofrimento é grande; minha alma clama:
"Por que eu, ó Deus? Por que eu?".

"Não é você, meu filho. Não é você.
Uma pessoa especial para você morreu. Não você.
Eu lhe dei vida. Eu lhe dei alegria.
Posso dar-lhe novamente
O sábado.
Descanse agora e comece novamente."

O sol incendeia o riso — o riso tão tímido.
A dor do túmulo torna-se o poder da graça.
Passo a passo, Deus opera seu milagre.

"Você dançará novamente, meu filho.
Você dançará novamente."

Tu, ó Deus, tão-somente podes converter
O meu pranto em dança.[2]

[2]Robert DEVRIES, em ibid., citado com adaptação parcial, p. 215-6. Usado com permissão.

9

Desanimado?

Desanimado? Sim, acontece, principalmente quando o sofrimento entra em nossa vida. Ficamos desanimados com as circunstâncias, com o modo como os outros reagem ao nosso progresso ou carência e com o futuro. Se já vi uma pessoa desanimada, essa pessoa foi Davi, o personagem bíblico. Podemos identificar-nos com ele. Davi estava na situação em que muitos de vocês, que estão lendo este livro, estão hoje.

Ao ler o salmo a seguir, marque cada frase que descrever a situação em que você se encontra neste momento de sua vida:

> Em alta voz clamo ao SENHOR; elevo a minha voz ao SENHOR, suplicando misericórdia. Derramo diante dele o meu lamento; a ele apresento a minha angústia. Quando o meu espírito desanima, és tu quem conhece o caminho que devo seguir. Na vereda por onde ando esconderam uma armadilha contra mim. Olha para a *minha* direita e vê; *ninguém* se preocupa comigo. Não tenho abrigo seguro; ninguém se importa com a minha vida. Clamo a ti, SENHOR, e digo: Tu és o meu refúgio; és tudo o que tenho na terra dos

viventes. Dá atenção ao meu clamor, pois estou muito abatido; livra-me dos que me perseguem, pois são mais fortes do que eu. Liberta-me da prisão, e renderei graças ao teu nome. Então os justos se reunirão à minha volta por causa da tua bondade para comigo.

Salmos 142:1-7

Algumas dessas descrições são muito vívidas tratando-se de uma jornada de sofrimento. Davi foi sufocado pelo desânimo. Os amortecedores e cachecóis têm sua função. Os primeiros são necessários para silenciar o barulho, e precisamos de um cachecol enrolado no pescoço para evitar o frio. Davi, porém, disse que seu "espírito desanima". A expressão em hebraico literalmente significa "o amortecimento do meu espírito". Quando o seu espírito está amortecido, você não se sente muito atento ou aguçado. É bem parecido com o estar desorientado. O que você come tem pouco sabor, o que você faz oferece pouca satisfação; o brilho da vida diminui, e é como vagar sob uma nuvem escura. A luz do dia talvez esteja brilhando, mas não para você. Tampouco brilhou para Davi também.

Ao se sentir assim, você também tende a sentir que ninguém o entende ou se preocupa com você. É isso o que Davi está dizendo no versículo 4: pode-se estar rodeado de pessoas, mas ainda se sentir sozinho. Enquanto olha para os outros que riem e levam a vida ao mesmo tempo em que você está ali parado, é fácil pensar: "Eles não sabem de nada. Eles simplesmente não compreendem. Não entendem, mesmo que assim o digam. Ninguém mais pode entender, nem eles".

Fica pior quando lemos o versículo 6: "pois estou muito abatido". Eis o desespero. Esta é uma resposta normal ao sofrimento. Os sentimentos de apatia e desespero vêm e vão como visitantes temporários. É quando se tornam moradores permanentes que a dificuldade de fato começa, pois a depressão imobiliza. Ela pode — e irá — desaparecer se a virmos como algo normal e procurarmos as razões para a sua presença. Davi ficou ali por um tempo, porque começou a se concentrar em seus inimigos. Quando se está deprimido, a esperança não fica por perto.

Nesse mesmo salmo, porém, Davi fez algo que foi muito benéfico e que pode ajudar a qualquer um de nós. Ele clamou a Deus. Não mediu palavras. Explicou a situação em detalhes (v. 1,5,6). Faça o mesmo. Você pode começar dizendo: "Deus, ajuda-me!" ou "Deus, estou ferido!". Esse é um bom começo — depois, seja específico. Expresse-se em voz alta — escreva orações detalhadas para Deus todos os dias, durante uma semana, e as leia em voz alta com sentimento. Você poderá se surpreender com os resultados.

Por falar nisso, Davi escreveu outro salmo na mesma época: o 57. Leia-o e veja o que Davi descobriu como solução. Você pode ficar surpreso.

10

A luta para orar

Às vezes é difícil orar. Nem pensamentos nem palavras vêm. Caso venham, os pensamentos arrastam-se para outras áreas, como acontece quando estamos conversando. É com isso que todos lutamos quando estamos em meio ao sofrimento. Quando oramos, muitas vezes grande parte do que dizemos se concentra em nossa perda e em nosso sofrimento. Durante anos usei os pensamentos e as orações bem-feitas de outros para dizer aquilo que eu tinha dificuldade de expressar. Quando você tiver essa dificuldade, use as orações de outras pessoas para expressar seu anseio. E lembre-se que o nosso Consolador, o Espírito Santo, nos ajuda na oração.

> Da mesma forma o Espírito nos ajuda em nossa fraqueza, pois não sabemos como orar, mas o próprio Espírito intercede por nós com gemidos inexprimíveis. E aquele que sonda os corações conhece a intenção do Espírito, porque o Espírito intercede pelos santos de acordo com a vontade de Deus.
>
> Romanos 8:26,27

Leia estas orações em voz alta hoje. Talvez você as queira ler várias vezes e talvez você também possa acrescentar a elas suas próprias preocupações.

> Ó Senhor Deus, que vês que não depositamos nossa confiança em nada do que fazemos, por misericórdia, permite que, pelo teu poder, sejamos guardados de toda adversidade; por meio de Jesus Cristo, nosso Senhor. Amém.
>
> Ó Deus, nosso Pai, sabemos que, por nós mesmos, nada podemos fazer. Se tentamos encarar nosso trabalho sozinhos, desfalecemos sob nossos fardos e nossas responsabilidades. O corpo se cansa; a mente se esgota; o nervos se enrijecem com a tensão.
>
> Se tentamos encarar as tentações sozinhos, a fascinação pelas coisas erradas é muito forte. Nossa resistência se rende, e fazemos as coisas que sabemos que nunca deveríamos fazer, pois não podemos evitá-las.
>
> Se tentamos encarar as aflições sozinhos, não há nada para curar a ferida que está sobre o coração, nada para secar a fonte de nossas lágrimas, nada para consolar a solidão que é maior do que aquilo que podemos suportar.
>
> Se tentamos encarar os problemas sozinhos, não podemos ver o caminho certo; e, mesmo se o víssemos, não poderíamos tomá-lo; e mesmo que o tomássemos, não poderíamos seguir nele até o fim.

Se tentamos livrar-nos das culpas sozinhos, somos constantemente vencidos; os mesmos pecados nos vencem; e nunca chegamos longe.

Conhecemos nossa necessidade. A vida ensinou-nos que não podemos andar sozinhos. Por isso, sê conosco para ajudar-nos, guiar-nos, consolar-nos, sustentar-nos, para que, em todas as mudanças e oportunidades de vida, quer brilhe a luz, quer venha a sombra, possamos ir ao encontro da vida com olhar firme e andar com sabedoria e força, com pureza e alegria no caminho eterno, até que cheguemos ao fim da jornada; por meio de Jesus Cristo, nosso Senhor. Amém.[1]

[1] William BARCLAY, *A Barclay prayer book*, Filadélfia, Trinity, 1990, p. 42-3.

11

Lance fora o fardo

Esgotado. Cansado. Moído. Essas são as palavras que ouvimos daqueles que passaram por uma situação difícil de perda e sofrimento. É exaustivo. Em certos dias, tudo o que podemos fazer é sair da cama e calçar os sapatos.

Podemos estar cansados fisicamente. Podemos estar cansados emocionalmente. Podemos estar cansados espiritualmente. É preciso fazer muito esforço para evitar que a alternativa de desistir e somente existir pareça tão atrativa.

Ter um coração aflito é algo que nos exaure a vida. Essa não é nenhuma novidade. Todos lutamos com isto. Aqueles que escreveram as Escrituras também lutaram. Veja as palavras deles: "Cansei-me de pedir socorro; minha garganta se abrasa. Meus olhos fraquejam de tanto esperar pelo meu Deus" (Sl 69:3).

Esse sentimento é familiar? Podemos ficar cansados de esperar. "Ele manteve a sua posição e feriu os filisteus até a sua mão ficar dormente e grudar na espada" (2Sm 23:10).

Podemos ficar cansados de lutar.

> Estou exausto de tanto gemer. De tanto chorar inundo de noite a minha cama; de lágrimas encharco o meu leito. Os meus olhos se consomem de tristeza; fraquejam por causa de todos os meus adversários.
>
> Salmos 6:6,7

Quando Jesus lhe faz uma promessa, não é uma prescrição para algo que você tem. Ele lhe dá de si mesmo.

> Venham a mim, todos os que estão cansados e sobrecarregados, e eu lhes darei descanso. Tomem sobre vocês o meu jugo e aprendam de mim, pois sou manso e humilde de coração, e vocês encontrarão descanso para as suas almas. Pois o meu jugo é suave e o meu fardo é leve.
>
> Mateus 11:28-30

Às vezes, o cansaço físico e emocional vem porque nos cansamos do que as Escrituras dizem. Pode ser que você tenha lido várias vezes as promessas nas Escrituras, mas, sem resposta, começa a duvidar. Ou pode ser que suas orações parecem bater no teto e não ir a lugar algum. Muitas vezes ficamos cansados porque nós mesmos tentamos resolver o problema, e, então, não nos resta nada para entregar.

Há uma pessoa com quem você pode conversar, e essa pessoa é Jesus. O autor de Hebreus disse: “Pensem bem naquele [...] para que vocês não se cansem nem desanimem” (Hb 12:3).

Considere aquele, pense nele, vá até ele, entregue a ele o seu fardo de preocupações.[1]

[1]Charles SWINDOLL, *Growing strong in the season of life*, Portland, Multnomah, 1983, p. 135-6, adaptado.

12

Você não está sozinho na tempestade

A vida é cheia de tempestades. Você já passou por elas, eu também.

Muitos anos atrás, fui pescar em um lago em Minnesota com vários parentes. Era um belo dia. À medida que passava, a tarde ficava calma e tranqüila. De repente, meu primo disse: “Vamos para a margem. Rápido”. Eu não podia acreditar no que estava ouvindo. O tempo estava maravilhoso e os peixes começavam a morder a isca. Mas meu primo disse: “Espere”. Assim que fomos para a beira do lago, dez minutos depois, enfrentamos ventos de aproximadamente 50 e 60 quilômetros por hora. Pareciam sair do nada. Durante horas ficamos amontoados nas barracas, esperando apenas que fossem arrancadas pelo vento.

De onde veio a tempestade? Eu estava curioso por saber. Em um instante, o céu estava limpo; no instante seguinte, fomos surpreendidos por ventos fortes e por uma pancada de chuva torrencial.

As tempestades são assim. Muitas vezes surgem do nada no “momento errado” e são totalmente inconvenientes. Estragam nossos planos e deixam destruição por onde passam. A vida nunca é igual depois que as tempestades passam arrastando nossa vida.

Há outras tempestades que nos dão um aviso. Elas aparecem aos poucos, e os meteorologistas são capazes de dar-nos alguma indicação de antemão. De certo modo, podemos preparar-nos para essas tempestades se as previsões forem coerentes e precisas. Muitas vezes, porém, não é o que acontece; mais uma vez, nós nos vemos despreparados.

As tempestades vêm de todos os tipos, formas e intensidades. Há pancadas de chuva, tempestades de ar quente que se levanta sobre uma área severamente bombardeada, tempestades de granizo, tempestades de neve e tempestades de vento. O profeta Naum disse: "O [...] caminho [do Senhor] está no vendaval e na tempestade" (Na 1:3).

Já passei por tempestades em que vi o céu dividido por relâmpagos reluzentes e luminosos seguidos por trovões ensurdecedores. Eu estava em pé à margem do Lago Jackson, no Parque Nacional de Grand Teton, e ouvi o trovão começar a estrepitar cerca de trinta quilômetros do Teton a minha esquerda e continuar na minha frente até chegar ao Parque Nacional de Yellowstone. Foi uma experiência pavorosa de tirar o fôlego.

As tempestades têm um jeito de desestabilizar tudo o que pensamos estar certo — principalmente as tempestades da vida. As tempestades podem sacudir nossas crenças assim como o trovão sacode as janelas. Queremos ter certeza de que não teremos de enfrentar as tempestades sozinhos. Queremos alguém ao nosso lado, principalmente Deus.

Há uma expressão nas Escrituras que se repete várias vezes. É uma expressão que tranqüiliza e conforta: "Eu estarei com você".

Deus disse isto para Isaque: "Permaneça nesta terra mais um pouco, e eu estarei com você e o abençoarei" (Gn 26:3).

Ele disse para Jacó: "Volte para a terra de seus pais [...] e eu estarei com você" (Gn 31:3).

Ele disse para Josué: "Ninguém conseguirá resistir a você todos os dias da sua vida. Assim como estive com Moisés, estarei com você; nunca o deixarei, nunca o abandonarei" (Js 1:5).

Deus quer assegurar-nos o fato de que ele está sempre conosco. Há um propósito neste versículo: "Pois tudo o que foi escrito no passado, foi escrito para nos ensinar, de forma que, por meio da perseverança e do bom ânimo procedentes das Escrituras, mantenhamos a nossa esperança" (Rm 15:4). Apegue-se a esses versículos e lembre-se da promessa de Deus: "Eu estarei contigo".

13

Ele está trabalhando

"Eu me sinto como uma pilha superusada — gasta e velha. Não há mais nada para oferecer. Minhas forças se foram. Não agüento mais." Você já se sentiu assim? Muitos já. Lemos o versículo bíblico que diz que Deus não nos dará algo além do que podemos suportar; no entanto, a impressão que temos é que ultrapassamos o limite. Isso já aconteceu com você?

Quando oramos, muitas vezes o fazemos de formas bastante específicas. Sabemos de três coisas: do que precisamos, o quanto precisamos e quando precisamos. Quando isso acontece, ficamos tão concentrados em uma necessidade específica que fica difícil ver qualquer outra resposta vinda de Deus. Outras necessidades *estão* sendo supridas, mas não registradas; isto porque nos fechamos em nosso foco.

Durante a intensidade do sofrimento e da perda, temos dificuldade para ver como Deus está trabalhando em nossa vida, uma vez que a dor limita nossa percepção e nosso entendimento. Não se trata de um defeito nosso — é o sofrimento falando.

Quando você estiver sofrendo ou em crise, não espere entender tudo o que está acontecendo ou o propósito de longo alcance. Isso acontecerá mais tarde. Depois você fará descobertas que vão surpreendê-lo. Já conversei com muitas pessoas que disseram que, quando estavam em meio a uma crise ou a um sofrimento, não conseguiam louvar a Deus nem agradecer por alguma coisa que ele havia feito. Depois, porém, elas puderam ver onde ele se fez presente e estava trabalhando em sua vida, e perceberam os resultados de longo alcance de sua experiência. Uma pessoa disse: "Em algum lugar, nos momentos mais escuros, comecei a procurar e a ver Deus, e não os meus problemas. Descobri sua misericórdia e graça, e como a minha vida estava mudando de modo que nunca imaginei ser possível".

Talvez você ainda não esteja nesse ponto. Se não estiver, precisará aceitar isso pela fé — Deus está lhe dando dons na adversidade que nem você nem eu poderíamos receber de alguma outra forma. O maior crescimento e a maior mudança tendem a acontecer nos momentos mais difíceis. Todos gostaríamos que fosse de modo diferente.

Em Filipenses 3:10 lemos: "[Pois o propósito que estabeleci é] para o conhecer [para que eu possa conhecê-lo cada vez mais de modo mais profundo e íntimo, percebendo, reconhecendo e compreendendo os prodígios de sua Pessoa com mais firmeza e mais clareza], e o poder da sua ressurreição [que se manifesta aos que crêem], e a comunhão dos seus sofrimentos, conformando-me [em espírito à sua semelhança] com ele na sua morte [na esperança]". Há uma alegria em compartilhar a comunhão dos sofrimentos de Cristo. Por causa dessa experiência, seu coração provavelmente estará sensibilizado para com os outros que passam pelas mesmas situações. Muitas pessoas sentem-se mais capazes de estender a compaixão aos outros, mas só depois de terem passado pelas mesmas perdas e crises. A sua experiência irá conectá-lo à humanidade de um outro modo. A nossa dor e o nosso sofrimento são um elo com os outros. Chegará o tempo em que isso será evidente, fará sentido. Console-se com isso.[1]

[1]Wayne MONBLEAU, *You don't find water on the mountaintop*, Grand Rapids, Fleming H. Revell, 1996, p. 36-41, adaptado.

14

A presença de Deus

Quando vem a perda e você depara com o sofrimento, é fácil sentir-se preso ou até paralisado. Essa situação não é muito confortável. É fácil também se sentir esquecido pelos outros ou pensar: "Eles só estão telefonando porque se sentem na obrigação". Você pode se sentir sozinho mesmo na presença de outras pessoas. Se você perdeu um membro importante da família, o vazio que fica em sua vida é muito grande. Para preenchê-lo, alguns se sentam e mergulham em lembranças, enquanto outros se empenham em um frenesi de atividades. Quando se está ocupado, é possível não sentir tanto a dor ou não a sentir de modo tão profundo.

Há uma expressão simples nos salmos que diz: "...meu auxílio e Deus meu" (Sl 42:5;ARA). Há uma presença que pode consolar-nos se estivermos tranqüilos o suficiente para senti-la. No plano e propósito de Deus, providências foram tomadas para que você não tenha de se sentir vazio e possa se sentir seguro. Às vezes, quando se está convivendo com o sofrimento, torna-se difícil pensar em ensinamentos ou doutrinas, mas a verdade dessa expressão pode trazer o consolo que se está procurando. Você é uma pessoa especial, ainda que não se sinta assim. Você provavelmente já ouviu isso muitas vezes, mas todos precisamos ser lembrados de que:

- Como cristãos, fomos levados a um relacionamento novo e vital com Deus, o Pai. Nós nos tornamos membros de sua família. Fomos aceitos por ele e temos acesso à sua presença (v. Ef 1:3-6; Hb 4:16; 1Jo 3:1,2; 4:16). Nós o chamamos "Pai". Em sentido muito prático, portanto, pertencemos a ele.
- O relacionamento com Deus, o Pai, serve como um antídoto contra sentimentos de ansiedade ou medo (1Jo 4:16-18; 1Pe 5:7; Pv 3:5,6).
- A realização do nosso verdadeiro valor é decorrência do relacionamento com Cristo, o Filho (1Jo 4:9). À medida que refletimos sobre o preço que ele pagou por nossa redenção (1Pe 1:18,19; Rm 5:6-8; Sl 49:7-9) e percebemos que nos tornamos herdeiros de todas as glórias de seu reino (Rm 8:16,17), chegamos a perceber nosso verdadeiro valor, que está muito além de qualquer trabalho ou serviço que possamos fazer.
- O relacionamento com o Senhor Jesus Cristo satisfatoriamente se encarrega dos nossos sentimentos de culpa (2Co 7:9-11) por meio da confissão (v. 1Jo 1:9), que leva à restauração.
- Por fim, a capacidade de enfrentar as duras realidades da vida é restaurada no momento em que permitimos que Deus, o Espírito Santo, assuma o controle de nossa vida

(Ef 5:18). Ele habita em nós e nos capacita para que lidemos com cada situação à medida que ela surgir (Jo 14:16,17; 1Jo 2:20). Por meio de nosso relacionamento com ele, novamente experimentamos um sentimento de competência.

- O relacionamento com o Espírito Santo satisfatoriamente se encarrega de sentimentos de raiva (que surgem por causa de nossa frustração por coisas que não podemos controlar ou circunstâncias que fazem com que nos sintamos rejeitados ou humilhados).
- As necessidades básicas serão supridas, portanto, quando você estabelecer ou fortalecer a união com cada membro da Divindade.
- Embora não possa solucionar todos os problemas de solidão, isso removerá o ferrão da solitude para que você possa enfrentar a vida com maior estabilidade emocional.
- Talvez para você seja útil ler isto várias vezes. Depois, consulte as referências bíblicas. Interiorize as verdades. Além disso, lembre-se sempre da verdade do salmo 34:

> Busquei o SENHOR, e ele me respondeu; livrou-me de todos os meus temores. Os que olham para ele estão radiantes de alegria; seus rostos jamais mostrarão decepção. Este pobre homem clamou, e o SENHOR o ouviu; e o libertou de todas as suas tribulações. [...] O SENHOR está perto dos que têm o coração quebrantado e salva os de espírito abatido.
>
> Salmos 34:4-6,18

Ao desenvolver uma forte consciência interna acerca de Deus, você pode ser fortalecido para lidar efetivamente com tudo aquilo que está na sua frente.[1]

[1]Dr. Cyne BARBER e Sharalee ASPENBODER, *Through the valley of tears*, Old Tappan, Fleming H. Revell, 1987, p. 93-4.

15

Por que oramos

Algumas pessoas, quando passam por situações de perda e sofrimento, deixam totalmente de orar, enquanto outras intensificam suas orações. Grande parte das orações se resume a pedidos. A ênfase está em expressões do tipo: "Ajuda-me a mudar esta situação! Intervém em meu favor!". Muitos perguntam: "Pelo que eu deveria orar? O que mais me ajudaria?". Fazemos muitos pedidos a Deus. Mas a oração é mais do que pedidos. Pelo que você ora não é a pergunta mais importante; ao contrário, é o motivo por que você ora. Orar não tem nada a ver conosco; tem a ver com Deus. Quem nos criou? Quem nos ama mais do que qualquer outra pessoa? Quem nos redimiu a preço altíssimo? Tudo o que temos e somos é dele. O objetivo da oração é conhecê-lo, e não receber algo. C. S. Lewis disse: "Deus projetou a máquina humana para funcionar nele mesmo. Ele é o combustível que o espírito foi projetado para queimar, ou o alimento que o espírito foi projetado para comer [...]. Deus não pode dar-nos felicidade e paz fora de si mesmo, porque não há. Não existe tal coisa".[1]

[1]*Mere Christianity*, New York: Macmillan, 1943, p. 54. [Publicado em português sob os títulos *Cristianismo puro e simples* (São Paulo: Martins Fontes, 2005) e *Mero cristianismo* (São Paulo, Quadrante, 1997).]

Na maior parte do tempo, em nossas orações, requeremos ações ou coisas. Elas não satisfazem. O relacionamento com Deus é mais importante. A oração que diz "Deus, quero conhecer mais de ti" é um bom ponto de partida, principalmente quando você se sente sozinho e isolado em seu sofrimento. Se você perdeu alguém, é provável que esteja sofrendo por essa pessoa. E você nem sente tanta saudade dela pelo que ela poderia fazer por você, mas por quem ela era. A dor é fruto da perda de um relacionamento. Você sente saudades dessa pessoa. Suspiramos por Deus e muitas vezes não estamos cientes disso. Ao orar e pedir para conhecê-lo mais, leia mais as Escrituras. Você o conhecerá melhor, e o seu conhecimento de Deus aumentará. Isso aconteceu com Jó. Veja o que ele disse (42:2,3,5,6):

> Sei que podes fazer todas as coisas; nenhum dos teus planos pode ser frustrado [...] Certo é que falei de coisas que eu não entendia, coisas tão maravilhosas que eu não poderia saber. [...] Meus ouvidos já tinham ouvido a teu respeito, mas agora os meus olhos te viram. Por isso menosprezo a mim mesmo e me arrependo no pó e na cinza.

Jó teve um encontro com o Deus vivo em algum tipo de experiência mística. Isso já sabemos. O encontro superou o limite da linguagem e da lógica. As palavras lhe faltaram. Jó ficou completamente parado e em silêncio, totalmente sem fala por causa da indescritível presença de Deus. Ele não teve mais dúvidas, não fez mais exigências, não requereu mais direitos. Ele simplesmente se prostrou e se entregou porque, finalmente, recebeu o que mais precisava e ansiava — um encontro com o Deus vivo.[2]

[2]Gerry SITTSER, *When God doesn't answer your prayer*, Grand Rapids, Zondervan, 2003, p. 154.

16

O seu futuro

O que você está experimentando neste exato momento será, algum dia, uma lembrança. Será parte de sua história. Seu futuro está sendo moldado neste momento. O que você dirá no futuro sobre este momento?

No livro *When God weeps* [*Quando Deus chora*], em co-autoria com Steven Estes, Joni Eareckson Tada relata sua experiência:

> Tempo é um assunto delicado. O passado sempre parece diferente do que foi. A memória é seletiva. Ela seleciona somente alguns momentos de tudo o que aconteceu que terão importância para sempre. Quando nos lembramos da dor do passado, fazemos isso com uma perspectiva que simplesmente não tínhamos quando passávamos por ela. Não entendíamos como tudo isso acabaria. Em meio ao sofrimento, vemos apenas confusão. Para mim, foi uma mistura estranha de camisetas tingidas, o cheiro de maconha nos corredores da instituição do Estado e pensamentos de suicídio.
>
> Se procurávamos caminhos que levavam a algum lugar por meio da dor, fazíamos exatamente isso — olhávamos,

sem encontrá-los. Mais tarde, as coisas são diferentes. No meu caso, trinta anos depois, eu finalmente estava entendendo. Descobri o caminho. Tudo porque vejo as coisas de modo diferente.

Depende de nossa perspectiva — de onde estamos vendo no momento. Quando nos lembramos de um desgosto, a dor passa como uma lembrança confusa. O trauma se apaga como uma velha fotografia. Somente os resultados sobrevivem, as coisas que importam para sempre — como um bom casamento, uma carreira de sucesso, ou, no meu caso, aceitar uma cadeira de rodas. Esses são os eventos que surgem e permanecem, como alpondras sobre águas agitadas. São o que nos levam ao outro lado do sofrimento, ao presente — o lugar onde temos a sensação de "chegada", o lugar onde somos mais "nós mesmos" do que fomos nos anos que se passaram.

Quando "passamos pelo vale da sombra da morte" somos pessoas diferentes. Melhores, mais fortes e mais sábias. É o que acontece do outro lado. Deus "[prepara-me] uma mesa na presença dos meus adversários"; é como se eu estivesse passando tranqüilamente pelo cartaz desbotado de uma enorme folha de maconha. Ele "[me unge] a cabeça com óleo; o meu cálice transborda" de satisfação por sobreviver ao sofrimento com um sorriso (Sl 23:4,5; ARA).

A Bíblia sempre tenta fazer-nos olhar para a vida dessa forma. Ela constantemente tenta implantar a perspectiva do futuro em nosso presente. É como uma voz que nos aconselha: "É assim que tudo vai acontecer, é assim que tudo parecerá quando acabar, de um modo melhor, eu prometo". É uma visão que separa o que dura para sempre do que cairá à beira da estrada.

As Escrituras não fazem nada menos do que isso. Elas só tratam de realidades, sempre ressaltando os resultados finais — o coração tranqüilizado, a alma se regozijando. E assim as Escrituras encorajam: "Meus irmãos, tende por motivo de toda alegria o passardes por várias provações" (Tg 1:2; ARA). Elas nos lembram:

> Foi bom para mim ter sido castigado, para que aprendesse os teus decretos (Sl 119:71).

> [Pois] os nossos sofrimentos leves e momentâneos estão produzindo para nós uma glória eterna que pesa mais do que todos eles (2Co 4:17).

> Não só isso, mas também nos gloriamos nas tribulações (Rm 5:3).

> Assim diz o SENHOR: [...] Porque sou eu que conheço os planos que tenho para vocês', diz o SENHOR, 'planos de fazê-los prosperar e não de lhes causar dano, planos de dar-lhes esperança e um futuro... (Jr 29:11).
>
> Como é feliz o homem a quem disciplinas, SENHOR, aquele a quem ensinas a tua lei; tranqüilo, enfrentará os dias maus, enquanto que, para os ímpios, uma cova se abrirá (Sl 94:12,13).

A Bíblia claramente diz que devemos nos gloriar nas próprias tribulações e "acolhê-las como amigos" porque Deus quer que entremos na realidade que ele tem em mente para nós, a única realidade que, no final, importa. Para isso, é preciso fé audaciosa; mas, uma vez que confiamos em Deus, vamos além do presente e vemos o futuro. Na realidade, entramos no futuro que Deus intenta para nós. "... a vossa vida [que é a vossa *verdadeira* vida — ainda que não seja vista por aqueles que a observam] está oculta juntamente com Cristo, em Deus. [*Ele* é a vossa vida.] Quando Cristo, que é a nossa vida [lembremo-nos], se manifestar, então, vós também sereis manifestados com ele, em glória" (Cl 3:3; ARA).[1]

[1]Grand Rapids, Zondervan, 1997, p. 199-201; adaptado, usado com permissão.

17

O sofrimento transforma você

As perguntas fazem parte do sofrimento. O sofrimento é uma aventura tão nova para a maioria que acabamos por perceber o nosso modo de agir. As piores perguntas são as que não fazemos e às quais nós mesmos tentamos responder. Uma das perguntas mais comuns é: "Quanto tempo é necessário para se recuperar de uma perda?". Há muitas variáveis para essa pergunta, como: "Qual foi a perda?", "Quanto vocês eram próximos?" e "Quanto você investiu no que ou em quem você perdeu?".

Se a perda tem a ver com a morte de alguém, ela durará até quando for preciso. Ninguém pode de fato lhe dizer até quando. Foi pai ou mãe, irmão ou irmã, cônjuge, amigo chegado ou filho? Algumas amizades são relacionamentos mais próximos do que os com um parente. E se você perdeu o filho, experimentou o que se chama o maior luto ou a pior perda. Quando um filho morre, o sofrimento segue os pais como se fosse uma sombra. Ele pode ser despertado por eventos esperados e inesperados pelo resto da vida.

Às vezes passamos meses ou até anos sofrendo antecipadamente pela morte de alguém, caso este tenha uma doença terminal.

Um dos sinais de que o sofrimento chegou ao fim é quando podemos pensar em alguém que perdemos sem sentirmos dor. Estaremos inclinados a ter um sentimento de tristeza quando pensarmos na pessoa que amávamos, mas não será a tristeza arrasadora e devastadora que costumávamos sentir.

Carol Fredericks Ebeling apresenta quatro "marcos quilométricos" que ajudam os que sofrem a determinar o progresso no processo de restabelecimento depois de uma perda:

1. A pessoa que sofre usa palavras duras para referir-se à morte. Em vez de usar eufemismos, como: "Meu filho se foi", ela o diz com todas as letras: "Meu filho morreu".
2. A pessoa que sofre fala sobre a perda sem se deixar vencer pelas lágrimas.
3. A pessoa que sofre consegue se sentir bem por se sentir bem.
4. A pessoa que sofre consegue arriscar uma mudança. Afirmações do tipo: "Ele não gostaria que eu..." ou "Ela gostaria de..." não trazem sofrimento.

A sua resposta também se baseia em sua reação às três perguntas:

O que perdi?
Como me sinto em relação a isso?
Quem sou eu agora sem essa pessoa?[1]

[1]Harold Ivan SMITH, *Grievers ask*, Minneapolis, Augsburg Books, 2004, p. 8, adaptado.

Se isso ainda não aconteceu, vai acontecer. Os amigos lhe dirão: "Você deveria parar de sofrer por ora". Lembre-se de que eles não são especialistas no assunto. Não há problema algum em dizer: "Não, eu não deveria. Esta não é uma jornada que dura semanas ou meses, mas anos. E não tem problema algum quando você me vê abatido, pois não estou derrubado, não preciso ser levantado. Só fique ao meu lado".

Lembre-se disto: o sofrimento se denuncia na véspera de aniversários, feriados e datas especiais.

Lembre-se também de que não há o "normal" no sofrimento. Você não voltará ao normal. Contudo, às vezes outras coisas "normais" se desenvolvem se cooperar com o sofrimento.

Você estará "ocupado com o sofrimento", o que simplesmente significa dar toda a atenção ao sofrimento. É a energia que você precisa exercer para aceitar a perda e incorporá-la à história de sua vida. Ocupar-se com o sofrimento *não* tem nada a ver com vencê-lo e seguir em frente com a vida. Você não faz "nada *com relação* ao sofrimento, mas faz algo *com* ele".[2]

Um pensamento para concluir: "No sofrimento, a jornada nunca terá fim. As pessoas não 'vencem' o sofrimento. Somos transformados para sempre por experiências que causam sofrimento".[3]

[2]Ibid., p. 1-15, adaptado.

[3]Alan D. WOLFELT, "Lecture" (Olathe, KS), 17 de fevereiro de 1999.

18

Desespero ou louvor?

O desespero não é uma experiência agradável. O termo em si não é muito bom. Significa perda total da esperança. Existe tal caráter decisivo no desespero. Talvez você já tenha sentido isso ou está sentindo agora. É possível que todos o tenhamos em um momento ou outro. Davi, o autor de tantos salmos, conheceu o desespero. Ele o sentiu. Provações faziam parte de sua vida, assim como fazem parte da nossa. E quando acontecerem, não se surpreenda com elas — fomos prevenidos. Pedro disse: "Amados, não se surpreendam com o fogo que surge entre vocês para os provar, como se algo estranho lhes estivesse acontecendo" (1Pe 4:12).

Uma paráfrase de 1Pedro 4:12,13 poderia expor essa questão de modo singular: "Amigos, quando a vida ficar realmente difícil, não se precipitem, concluindo que Deus não está trabalhando. Em vez disso, alegrem-se por estarem em meio àquilo que Cristo experimentou. Este é um processo de purificação espiritual, estando a glória muito perto".

No salmo 71, Davi compartilha seu desespero e também sua confiança em Deus. Em seu clamor a Deus, ele disse: "Resgata-me e livra-me por tua justiça" (Sl 71:2). Ele queria se ver livre de todos os problemas que estava experimentando. De muitas formas, também gostaríamos de ficar sem a dor de nossa perda. Quando uma crise ou perda surge, nossa vontade é "apertar o botão para voltar a fita" e voltar ao modo como as coisas estavam. Nossa resposta à sensação que diz "eu gostaria de ir dormir, acordar e descobrir que tudo não passou de um pesadelo" é a mesma coisa. Mais tarde, Davi disse: "Livra-me, ó meu Deus, das mãos dos ímpios, das garras dos perversos e cruéis. Pois tu és a minha esperança, ó Soberano SENHOR, em ti está a minha confiança desde a juventude. Desde o ventre materno dependo de ti; tu me sustentaste desde as entranhas de minha mãe. Eu sempre te louvarei!" (71:4-6).

O que Davi fez nesse momento foi lembrar — ele se lembrou de como Deus havia sido fiel ao longo dos anos. Você consegue se lembrar destes momentos? De que modo Deus foi fiel a você cinco anos atrás? Dez anos atrás? Quinze anos atrás?

Davi foi honesto. Foi direto. Expressou a dor. E depois, em meio a essa dor, a oração se encheu de adoração e louvor. Veja as palavras de Davi. Observe o restante do salmo:

- Eu sempre te louvarei! (v. 6).
- Do teu louvor transborda a minha boca, que o tempo todo proclama o teu esplendor (v. 8).
- Mas eu sempre terei esperança e te louvarei cada vez mais. A minha boca falará sem cessar da tua justiça e dos teus incontáveis atos de salvação (v. 14,15).
- E eu te louvarei com a lira por tua fidelidade, ó meu Deus; cantarei louvores a ti com a harpa, ó Santo de Israel. Os

> meus lábios gritarão de alegria quando eu cantar louvores a ti, pois tu me redimiste. Também a minha língua sempre falará dos teus atos de justiça, pois os que queriam prejudicar-me foram humilhados e ficaram frustrados (v. 22-24).

Talvez você já esteja louvando a Deus. Ou, quem sabe, levará meses para chegar a esse ponto. Isso aconteceu com Davi. Espere isso acontecer. Espere. Ore. Leia a Palavra de Deus. No salmo 71, a fé toma o lugar da descrença.[1]

[1]David JEREMIAH, A *Bend in the road*, Nashville, Word, 2000, p. 46-8, adaptado. [Publicado em português sob o título *Uma curva na estrada* (São Paulo: Vida, 2004).]

19

Ele sabe o seu nome

A canção *He knows my name* [*Ele sabe o meu nome*], de Tommy Walker, prestou auxílio à vida de muitos. Eis parte da letra:

Eu tenho um Pai,
Ele me chama de seu filho.
Ele nunca me deixará
Não importa aonde eu vá.

Ele sabe o meu nome,
Ele conhece cada pensamento meu.
Ele vê cada lágrima que cai
E me ouve quando chamo.[1]

Muitos de nós já sentimos uma sensação de consolo e paz que não pudemos explicar enquanto sofríamos a mais traumática das circunstâncias. É por isso que o Deus que adoramos não é apenas o Deus das verdades, dos fatos e dos números. Ele também é o Deus da compaixão, da bondade e do consolo. Na

[1]Ventura, Gospel Light / Regal Books, 2004, p. 88-91, usado com permissão.

verdade, ele se chama de Maravilhoso Conselheiro e Príncipe da Paz (v. Is 9:6).

Por que razão as pessoas arregaçam as mangas e tentam suportar tais tragédias com as próprias forças é algo que jamais saberei. Salmos 46:1 diz que Deus está à disposição para ser nosso "auxílio sempre presente na adversidade". Jesus, aliás, disse que no "mundo vocês terão aflições", mas ele continuou a promessa dizendo: "tenham ânimo! Eu venci o mundo" (Jo 16:33).

Embora talvez não entendamos totalmente a profundidade do significado desse versículo, percebemos muitas coisas que Jesus está claramente dizendo. Primeiro, Jesus está nos liberando e incentivando para que nos alegremos mesmo quando nos vemos em meio às lutas e tragédias da vida que nos desafiam. Em tais momentos, ainda podemos, por sua graça e pelo Espírito Santo que habita em nós, ter ânimo — mesmo a ponto de nos alegrar! Esse é um modo importante pelo qual podemos expressar a fé. Também ajuda-nos a vencer as estratégias de nosso inimigo (o diabo), a nossa carne fraca e aquilo que nos leva a sentir desânimo e medo.

Naturalmente há momentos para o pranto. Jesus não só reconhece esses momentos quando diz: "Bem-aventurados os que choram" (Mt 5:4), mas também nos instrui a demonstrar empatia pelos outros — "... chorem com os que choram" (Rm 12:15). Desse modo, consolamos os outros enquanto somos consolados.

A segunda coisa que Jesus está dizendo no versículo é que viveremos na eternidade e que nossa vida terrena não é o fim da história. Na verdade, a vida na Terra é apenas um ponto luminoso em uma tela de radar — menos que um microssegundo do nosso verdadeiro tempo de vida —, se aceitamos e agarramos a oferta de salvação extremamente generosa de Deus por meio de Jesus Cristo. Quando aceitamos essa perspectiva, também encontramos um grande consolo, pois sabemos que nosso Deus endireitará as coisas naquele grande dia em que Jesus voltar e reinar no novo céu e na nova terra. Nosso consolo está muito mais garantido em sabermos que ele põe fim a todas as nossas aflições, cura todas as nossas feridas e enxuga todas as nossas lágrimas.

Às vezes, o maior consolo está em sabermos que este mundo não é o nosso lar. Jesus virá para nós um dia. "Amém! Vem, Senhor Jesus!" (Ap 22:20).

20

Conte para Deus

Se você tivesse uma audiência com Deus hoje e pudesse perguntar ou dizer algo que gostaria para ele — eu me refiro a algo que você *realmente* quisesse —, o que perguntaria? Você seria tão ousado quanto Jó? Ele desafiou Deus por ele ter ficado em silêncio. Jó experimentou perdas e foi arrasado pelo sofrimento. Ele também teve de tolerar três amigos que o atormentaram e o feriram com palavras.

> Até agora me queixo com amargura; a mão dele é pesada, a despeito de meu gemido. Se tão-somente eu soubesse onde encontrá-lo e como ir à sua habitação! Eu lhe apresentaria a minha causa e encheria a minha boca de argumentos [...] Mas, se vou para o oriente, lá ele não está; se vou para o ocidente, não o encontro. Quando ele está em ação no norte, não o enxergo; quando vai para o sul, nem sombra dele eu vejo! Mas ele conhece o caminho por onde ando; se me puser à prova, aparecerei como o ouro.
>
> Jó 23:2-4,8-10

Depois de ler essa passagem, um escritor disse:

> Uma audaciosa mensagem do livro de Jó é que você pode dizer qualquer coisa para Deus. Atire nele a sua tristeza, a sua ira, a sua dúvida, a sua amargura, a sua traição, a sua decepção — ele pode absorver tudo isso. Com mais freqüência do que se espera, a Bíblia mostra seus gigantes espirituais *em luta* com Deus. Preferiam ir mancando, como Jacó, [a] aceitar o ocultamento de Deus como a resposta final. Neste aspecto, a Bíblia prefigura um princípio da psicologia moderna: na realidade você não pode negar seus sentimentos nem fazê-los desaparecer, por isso você pode muito bem expressá-los. Deus pode lidar com cada reação humana, com exceção de uma. Ele é incapaz de tolerar a reação em que instintivamente me apóio: uma tentativa de mantê-lo longe, de ignorá-lo ou de tratá-lo como se não existisse. Essa reação nem uma única vez ocorreu a Jó.[1]

Outros expressaram seu interesse sincero por Deus. Talvez isto reproduza seus pensamentos e sentimentos.

> Deus, onde estás?
> Fala comigo! Ensina-me!
> Repreende-me! Humilha-me!
> Mas não fiques em silêncio.
> O Deus que se recusa a falar. É assim que tu és?

[1]Philip YANCEY, *Decepcionado com Deus*, São Paulo, Mundo Cristão, 1990, p. 235.

Tu te revelaste como o Deus que fala —
o nosso Cosmos que se comunica.
Tu conduziste Abraão a uma cidade cujo arquiteto e fundador era Deus.
Tu revelaste teu nome divino a Moisés.
Tu falaste com clareza
com Davi, com Rute, com Ester,
com Isaías, com Ezequiel, com Daniel,
com Maria, com Paulo e com inúmeros outros.
Por que os céus se fecharam para mim?
Eu sei que Jó teve uma experiência contigo como o Deus oculto.
E Elias fez sozinho uma vigília por causa do terremoto, do vento e do fogo. Eu também.
Ó Deus de maravilha e mistério, ensina-me por meio de teu
Silêncio maravilhoso, terrível, amoroso e que inclui todas as coisas.
Amém.[2]

Do que você precisa para se expressar a Deus? Ainda que você não tenha resposta, ele o ouve. E, por falar nisso, você tem uma audiência com Deus — a qualquer momento.

[2]Richard FOSTER, *Prayers from the heart,* New York, HarperCollins, 1994.

21

O mar de desânimo

"A minha vida desabou. Eu me sinto arruinado. Estou tão desanimado." Para alguns, a frustração vem e vai, enquanto que para outros, é um estilo de vida. De onde ela vem? Ela surge quando os planos não dão certo. Surge quando os outros não estendem a mão para ajudar-nos no momento em que precisamos deles. O desânimo foi descrito como um vento mirrado e árido que sopra em um deserto severo e que nos leva a esmorecer. Em outras ocasiões, é como uma neblina fria que anestesia os pensamentos e anuvia a estrada à nossa frente. O desânimo pode tirar-lhe toda a coragem.

Você já se sentiu assim? Faz parte da vida, apesar de querermos que seja de outra forma. Talvez você, como muitos outros, já tenha feito a seguinte afirmação: "Estou *tão* desanimado". As pessoas descrevem o desânimo de várias formas:

- Foi como navegar sem vento.
- Eu me senti como se tivesse levado uma rasteira.
- O desânimo sugou minha motivação e energia.

- Foi uma forma de paralisia. Fisicamente, eu podia me mover; mas em outro sentido, era impossível.
- A luz do dia parecia escura, mesmo com o sol brilhando lá fora.

Então, o que é este mal chamado desânimo? Examinemos o termo em partes.

Temos a palavra *coragem*, cuja raiz é *cor*. Esse é o termo em latim para *coração*, que é o centro dessa condição. *Desânimo* é, literalmente, desfalecer o coração. Quando o desânimo entra em nossa vida, a esperança existe. Quando o desânimo ganha um ponto de apoio, somos tentados a desistir. O salmista sentiu-se assim: "Volta-te para mim e tem misericórdia de mim, pois estou só e aflito. As angústias do meu coração se multiplicaram; liberta-me da minha aflição" (Sl 25:16,17).

O que dizer do desânimo causado pela adversidade? A adversidade pode ser a principal causa. O que se pode fazer? Paulo aprendeu a lidar com a adversidade: "De todos os lados somos pressionados, mas não desanimados; ficamos perplexos, mas não desesperados; somos perseguidos, mas não abandonados; abatidos, mas não destruídos" (2Co 4:8,9). Paulo também disse: "Por isso não desanimamos. Embora exteriormente estejamos a desgastar-nos, interiormente estamos sendo renovados dia após dia, pois os nossos sofrimentos leves e momentâneos estão produzindo para nós uma glória eterna que pesa mais do que todos eles" (2Co 4:16,17).

É de uma nova força que toda pessoa desanimada precisa. Onde você consegue sua força? Em Deus. Ele é a verdadeira fonte de energia. Em meio ao desânimo, devemos lembrar-nos das palavras de Deus para Josué: "Seja forte e corajoso!". Deus continua: "Não se apavore, nem desanime, pois o SENHOR, o seu Deus, estará com você por onde você andar" (Js 1:9). Deus *é* a fonte de nossa força.

Por fim, chegamos ao lugar onde podemos dizer: "Isto nos faz confiantes. Não importa o que aconteça". Essa é uma atitude, uma escolha pessoal. Você sabe o que significa a palavra *atitude*? Atitude é uma forma de agir, pensar ou sentir que revela a disposição, opinião ou faculdade mental de uma pessoa.

A atitude de confiança funcionou para muitos que enfrentaram e conviveram com a adversidade física. Funcionou para John Milton, que ficou cego. Ele escreveu *Paraíso perdido* e *Paraíso reconquistado*. Também funcionou para Beethoven, que, a despeito de sua surdez, deixou-nos a Nona Sinfonia. Funcionou para John Bunyan, que escreveu *O peregrino* enquanto estava na prisão. E você se lembra de Helen Keller, mulher surda e cega? Ela disse: "Nem a escuridão nem o silêncio podem impedir o progresso do espírito humano".

É possível recuperar a coragem mesmo quando se está desanimado? Sim. As Escrituras contêm muitas passagens que falam da luta contra o desânimo. Veja como estas pessoas lutaram.

Esta é a mensagem de Jó, que praticamente perdeu tudo, menos a vida: "Embora ele me mate, ainda assim esperarei nele; certo é que defenderei os meus caminhos diante dele" (Jó 13:15).

Esta é a mensagem de Davi: "Mesmo quando eu andar por um vale de trevas e morte, não temerei perigo algum, pois tu estás comigo; a tua vara e o teu cajado me protegem" (Sl 23:4).

Esta é a mensagem de Isaías: "Tu, SENHOR, guardarás em perfeita paz aquele cujo propósito está firme, porque em ti confia" (Is 26:3).

Esta é a mensagem de Paulo: "Pois estou convencido de que nem morte nem vida, nem anjos nem demônios, nem o presente nem o futuro, nem quaisquer poderes, nem altura nem profundidade, nem qualquer outra coisa na criação será capaz de nos separar do amor de Deus que está em Cristo Jesus, nosso Senhor" (Rm 8:38,39).

Leia esses versículos todos os dias se você estiver lutando contra o desânimo.

22

Do que você se lembra?

Caso tenha perdido uma pessoa querida, em que você pensa durante o dia? As lembranças são uma parte importante da vida. Muitas vezes os pensamentos são dominados pela lembrança da pessoa que você perdeu. Você vê o rosto dela, ouve sua voz, sente seu perfume. E pensa: "Não foi muito tempo. Ela não ficou muito tempo comigo". Bem, a maioria de nós se sente assim. Nunca é suficiente. Nunca é oportuno. Nunca é o tempo "certo". Existe sempre o vazio que a pessoa deixa. Mas precisamos lembrar que, ainda que nos concentremos em partes do tempo, Deus tem outra perspectiva e vê o tempo de modo diferente. Deus vê mais o cumprimento do propósito que ele tinha para uma pessoa do que o tempo em que ela esteve na terra. Você já olhou por esta perspectiva, em vez de olhar para o tempo?

Muitas pessoas também ficam estagnadas, pensando nas horas ou dias ou semanas que perderam na vida, principalmente se estes momentos foram difíceis ou dolorosos. Nós os chamamos de momentos sombrios ou estéreis. Zig Ziglar, em suas *Confessions of a grieving Christian* [*Confissões de um cristão sofredor*], disse:

Se nós nos concentrarmos unicamente na dor e no sofrimento, na aparência física como conseqüência de um acidente ou doença degenerativa, ou na perda de uma função de uma pessoa querida, continuaremos a viver um pesadelo de lembranças horríveis e tristes. É mais prudente e alivia a dor colocar em perspectiva esse período da vida da pessoa com relação a toda a sua vida. Embora esse período possa ter durado dias, semanas, meses ou até anos, foi apenas um *período* da vida dela. Eu o estimulo a ter lembranças de momentos em que a saúde, a aparência e o estado mental e emocional dessa pessoa querida eram bons, e até excelentes! Lembre-se da pessoa quando ela vivia com vitalidade, energia, alegria, atos de amor para com os outros e constante louvor e adoração ao Criador. Concentre-se nos momentos bons, nas brincadeiras em família, nos momentos de alegria e nas doces lembranças de momentos que vocês passaram juntos. Decida ser incentivado por acreditar que os momentos da vida de uma pessoa querida, em sua maior parte, foram muito provavelmente momentos bons.

E se essa pessoa nunca experimentou nada do que foi dito anteriormente, console-se com o fato de que ela agora tem um corpo glorificado e desfrutará de uma saúde perfeita, paz completa e plena alegria por toda a eternidade. Tudo o que essa pessoa querida experimentou nesta vida se deu em um momento passageiro quando comparado ao panorama infinito do céu. Diante da eternidade, o tempo que passamos nesta terra não pode sequer ser matematicamente calculado. O tempo eterno da vida de uma pessoa querida ofusca tanto até seus melhores momentos de vida na terra que não dá para compará-los.

Se os nossos conhecidos que partiram pudessem voltar e falar sobre sua experiência com o Senhor no céu, tenho certeza de que nos diriam três coisas. Primeiro, eles nos diriam que deveríamos concentrar-nos no modo como eles eram quando estavam nos melhores momentos desta vida. Segundo, que deveríamos aproveitar ao máximo a vida e optar por preenchê-la com as melhores lembranças e experiências possíveis. Terceiro, que deveríamos investir mais tempo para conhecer melhor a Cristo.

Essa abordagem não é para que neguemos a realidade nem o benefício da dor, mas para que coloquemos em foco toda a vida de uma pessoa. Embora não possamos fazer nada para trazer de volta uma pessoa querida, podemos trazer à mente e ao coração as ternas lembranças de ocasiões felizes para que possamos continuar a criar mais dessas lembranças de nós mesmos e de outras pessoas queridos que ainda andam na terra conosco.[1]

E hoje, do que mais você consegue se lembrar? Você se surpreenderá com o consolo que as lembranças podem trazer.

[1]Nashville, Thomas Nelson Publishers, 1998, p. 71-3, usado com permissão.

23

Você não vai enlouquecer

Passei do ponto de enlouquecer
em silêncio.
Estou ficando muito histérico.
Os vizinhos devem pensar
que estou louco.
Os vizinhos, pelo menos uma vez,
estão certos.

Peter McWilliams
(Como sobreviver à perda de um amor)

É um poema estranho, mas talvez não seja. Os sentimentos de dor parecem um pouco desequilibrados. Como conselheiro, compartilho a seguinte lista com outras pessoas que experimentaram uma grande perda e que, normalmente, respondem o seguinte: "É verdade, esse sou eu":

- Padrões de pensamento distorcidos, pensamentos "insanos" e (ou) irracionais, pensamentos terríveis.

- Sentimentos de desespero e falta de esperança.
- Descontrole ou emoções adormecidas.
- Mudanças nas percepções sensoriais (visão, paladar, olfato etc.).
- Lapsos de memória e "curtos-circuitos" mentais.
- Incapacidade de concentrar-se.
- Foco obsessivo na pessoa amada.
- Perda da noção de tempo.
- Aumento ou diminuição do apetite e (ou) desejo sexual.
- Dificuldade para dormir ou continuar dormindo.
- Sonhos em que o falecido parece visitar a pessoa que está sofrendo.
- Pesadelos em que se repetem temas relacionados à morte.
- Doenças físicas como gripe, dores de cabeça ou outros males.
- Convicções perturbadas com relação à vida, ao mundo e até a Deus.[1]

Não é raro pessoas relatarem que sentem como se estivessem "enlouquecendo" depois de uma grande perda. Quando elas descrevem os sintomas de sua "loucura", fica visível que estão descrevendo sintomas de ansiedade e estresse profundos .

Muitas pessoas relatam perda de memória a curto prazo. A mente fica paralisada e sobrecarregada. A perda de memória causa incômodo, mas passa. Ela passará muito mais rápido se você tiver paciência consigo mesmo e aceitá-la como uma resposta temporária ao seu sofrimento.

[1]Joanne T. JOZEFOWSKI, *The Phoenix phenomenon*, Northvale, Ransom, 1999, p. 17.

Caso você tenha perdido alguém próximo a você, vale dizer que pessoas também relatam lembrar-se da última vez em que viram o ente querido com vida. A sua mente, de vez em quando, volta à última vez em que você esteve com essa pessoa. Essa lembrança pode estar tão viva que, para você, é quase como se você estivesse lá.

Outras pessoas relatam uma perda de concentração. Os pensamentos passam rapidamente pela mente sem obedecer a um padrão e sem um objetivo. Ela não consegue chegar à conclusão alguma. Em contrapartida, algumas pessoas relatam lentidão de pensamento, ou um tipo de vaga consciência, como se estivessem em meio a uma neblina. Elas não conseguem se concentrar; nada parece muito real. Todos esses sintomas são perfeitamente comuns, considerando a intensidade da dor sofrida.

Entretanto, outras pessoas falam sobre sintomas que sugeririam ataques de pânico, uma resposta do tipo "lutar ou fugir": batimento cardíaco acelerado, respiração acelerada, xerostomia, transpiração excessiva. Diferentes dos ataques de pânico, no entanto, esses sintomas são causados por um evento identificável e provavelmente desaparecem à medida que as pessoas transpõem o sofrimento.

Alguns indivíduos desenvolvem sintomas físicos que imitam outras doenças. Por exemplo, as pessoas talvez acreditem que estão tendo um ataque cardíaco, com todos os sintomas respectivos, ou têm enxaquecas, ou desenvolvem o hábito de ranger os dentes.

Para outras, ainda, é como se ficassem deprimidas. Embora os sintomas de depressão — profunda tristeza, sentimentos de desamparo e impotência — sejam os mesmos que muitos dos sintomas do sofrimento, há uma diferença. O sofrimento é um processo natural que chega ao fim sem intervenção. A depressão normalmente exige intervenção profissional para aliviá-la. A depressão pode se desenvolver se a pessoa tentar ignorar o processo de sofrimento, mas o processo em si não tem nada que ver com depressão.

Se você já se viu com algum desses sintomas, anime-se. Eles passarão. Naturalmente, é sensato procurar um médico para ver se há algum sintoma físico preocupante, mas é provável que esses sintomas desapareçam com o tempo — se você for fiel no sentido de processar o sofrimento.

Os sintomas que manifestamos em tempo de crise são, na verdade, um sinal do maravilhoso modo como Deus criou os seres humanos. A mente e o corpo foram projetados para emitir um tipo de "alerta vermelho", que tem por objetivo forçar-nos a diminuir o ritmo e prestar atenção a nossas necessidades.

Por isso, se possível, agradeça a Deus por ele ter cuidado de cada eventualidade em sua vida e tente desacelerar. Lembre-se: seja paciente consigo mesmo. Isso também passará. Você é normal.[2]

[2]Raymond R. MITSCH e Lynn BROOKSIDE, *Grieving the loss of someone you love*, Ann Arbor, Servant Publications, 1993, p. 21-3, adaptado.

24

Por que o sofrimento?

Quando você está sofrendo, entra no vale das sombras. Não há nada de heróico ou nobre no sofrimento. Ele é doloroso. É trabalhoso. É um processo demorado. Mas é um processo necessário para todos os tipos de perdas. Já recebeu todos os rótulos, desde uma profunda angústia mental, passando pela dor aguda até chegar ao profundo remorso.

As muitas emoções envolvidas no processo de sofrimento podem parecer descontroladas e muitas vezes parecem estar em conflito entre si. Com cada perda vêm a amargura, o vazio, a apatia, o amor, a raiva, a culpa, a tristeza, o medo, a autopiedade e a impotência. Esses sentimentos foram descritos desta forma:

> Estes sentimentos prenunciam o congelamento emocional que encobre de gelo o chão firme, fazendo com que o movimento em qualquer direção pareça incerto e perigoso. O crescimento está encoberto, o progresso parece bloqueado e se especula friamente que, só porque os açafrões sobreviveram à neve no ano passado, não é razão para acreditar

> que eles poderão resistir a ela novamente neste ano. Não é uma bela cena.[1]

Deus entende nossa dor e nosso sofrimento? Na primeira parte de Gênesis encontramos a resposta. Gênesis 6:6 diz: "...isso lhe pesou no coração" (ARA). Deus conhece o sofrimento.

Quando o sofrimento é seu companheiro, você o experimenta psicologicamente por meio dos sentimentos, pensamentos e atitudes. Ele o afeta socialmente à medida que você interage com os outros. Você o experimenta fisicamente uma vez que ele afeta a saúde e se expressa em sintomas físicos.

O sofrimento compreende inúmeras mudanças. Ele aparece de modo diferente em vários momentos, e entra e sai de sua vida. É uma reação natural, normal, previsível e esperada. Não é uma resposta anormal. Na verdade, exatamente o oposto é verdadeiro. A falta de sofrimento é anormal. O sofrimento é a própria experiência pessoal. A perda não tem de ser aceita ou validada pelos outros para que você experimente e expresse sofrimento.[2]

Por que temos de passar por essa experiência? Qual é o objetivo? As respostas ao sofrimento expressam, basicamente, três coisas:

- Por meio do sofrimento você expressa os sentimentos sobre a perda.

[1]Lilly SINGER, Margaret SIROT e Susan RODD, *Beyond loss*, New York, E.P. Dutton, 1988, p. 62.

[2]Therese A. RANDO, *Grieving: How to go on living when someone you love dies*, Lexington, Lexington Books, 1988, p. 11-2, adaptado.

- Por meio do sofrimento você expressa o protesto contra a perda, bem como o desejo de mudar o que aconteceu e fazer com que isso não seja verdade.
- Por meio do sofrimento você expressa os efeitos que experimentou com o impacto devastador causado pela perda.[3]

Sofrer por causa da perda tem por objetivo superar essas reações, encarar a perda e esforçar-se para adaptar-se a ela. O objetivo geral do sofrimento é levá-lo a fazer as mudanças necessárias para que possa conviver com a perda de modo saudável. O objetivo final é poder dizer:

> Essa perda que experimentei é um revés crucial em minha vida. Na verdade, é a pior coisa que já aconteceu comigo. Mas será que é o fim de minha vida? Não. Ainda posso ter uma vida bem-sucedida e gratificante. O sofrimento foi meu companheiro e me ensinou muito. Posso usá-lo para me tornar uma pessoa mais forte do que costumava ser antes da perda.[4]

O luto é o processo necessário para voltarmos à vida depois dos solavancos que levamos em sua estrada. Inclui deixar para trás o que precisa ser deixado, levar consigo o que precisa ser levado e aprender a distinguir entre as duas coisas.[5]

[3]Ibid., p. 18-9, adaptado.

[4]Bob DEITS, *Life after loss*, Tucson, Fisher Books, 1988, p. 28, adaptado.

[5]James FROEHLICH, O.F.M. Em um trabalho escrito para a conferência de grau para o curso de graduação em Relacionamento de Ajuda Pastoral, da Loyola College (Baltimore, 1984).

25

O dom da graça

A nossa fé em Deus e o modo como o percebemos — a teologia — afetarão nosso modo de lidar com perdas ou crises. Nossa vida está baseada em nossa teologia; no entanto, muitos se assustam com isso.

Muitas vezes, quando passamos por perdas e crises difíceis, somos forçados a reavaliar aquilo em que realmente cremos. Infelizmente, muitos definem aquilo em que crêem pelo que estão passando. Deixam que sua teologia seja determinada pelas circunstâncias por que passam. Quando deparam com os problemas da vida, parecem negar as promessas de Deus e começam a se perguntar se ele realmente se importa!

Às vezes, uma crise muda nossa visão de Deus. O autor Max Lucado descreve muito bem o processo:

> Há uma janela no coração pela qual você pode ver Deus. Houve uma vez em que essa janela estava limpa. A sua visão de Deus era nítida. Você podia vê-lo com a nitidez com que podia ver um belo vale ou a encosta da montanha. O vidro estava limpo, a vidraça não estava quebrada.

Você conhecia Deus. Sabia como ele trabalhava. Sabia o que ele queria que você fizesse. Não havia surpresas. Nada era inesperado. Você sabia que Deus tinha um desejo e sempre descobria qual era esse desejo.

Então, de repente, a janela trincou. Uma pedra quebrou a janela. Uma pedra de dor.

Talvez essa pedra tenha acertado a janela quando você era criança, e um de seus pais saiu de casa para sempre. Talvez a pedra tenha aparecido em sua adolescência, quando seu coração se partiu. Talvez você tenha se tornado adulto antes de a janela ser quebrada. Mas depois a pedra apareceu.

Foi um telefonema? "Estamos com sua filha na delegacia e é melhor o senhor vir até aqui."

Foi uma carta sobre a mesa da cozinha? "Fui embora. Não tente me procurar. Não tente ligar para mim. Acabou. Eu simplesmente não amo mais você."

Foi um diagnóstico dado pelo médico? "Receio que a notícia não seja muito boa."

Foi um telegrama? "Lamentamos informar que seu filho desapareceu em combate."[1]

Por que acabamos por sentir-nos frustrados com Deus? É realmente por causa dele ou seria por causa de nossas expectativas? Temos nossa ordem do dia às ocultas. Cremos assim: "Se Deus for Deus, então...". Mas será que nossa ordem do dia condiz com o que as Escrituras ensinam? Aqueles que crêem na soberania e na

[1]*In the eye of the storm*, Dallas, Word, 1991, p. 105-6.

cuidadosa natureza de um Deus amoroso têm um alicerce mais firme sobre o qual abordar a vida — e lidar com a crise.

Um livro que tem falado comigo toda vez que o leio é *How can it be all right when everything is all wrong?* [*Como é que tudo está bem quando tudo está errado?*], de Lewis Smedes. O autor passou por momentos difíceis na vida. Suas percepções e sensibilidade para com as crises e a presença e o envolvimento de Deus em nossa vida podem responder a muitas de nossas perguntas. Uma de suas experiências pessoais descreve como a fé ajuda-nos a atravessar as mudanças da vida:

> Outra noite, enquanto estava tentando dormir, eu me entretive tentando lembrar dos momentos mais felizes de minha vida. Deixei minha mente divagar para onde era levada. Lembrei-me de pular de uma viga do celeiro em um monte alto e macio de feno que havia acabado de ser cortado. Aquele foi um momento extremamente feliz. Mas, de algum modo, minha mente também foi levada a uma cena ocorrida há alguns anos e que, pelo que me lembro, deve ter sido a mais dolorida de minha vida. Nosso primeiro filho foi arrancado de nossas mãos pelo que, a meu ver, parecia uma Divindade caprichosa a quem eu não gostaria de chamar de Deus. Eu me senti dilacerado por um artista que agia contra o cosmos. E por um instante pensei que nunca mais sorriria facilmente outra vez.
>
> Mas em seguida, não sei como, graças a uma mudança miraculosa em minha perspectiva, tive uma sensação estranha e inexprimível de que minha vida, nossa vida, ainda

> era boa, de que ela é boa porque nos foi *dada* e de que suas possibilidades ainda eram incalculáveis. De dentro do sentimento de vazio deixado pela dor, veio um sentimento de doar-se que nada explica. Ele só pode ser sentido como um dom da graça. Um impulso irreprimível de bênção brotou do meu coração para Deus por sua doce dádiva. E isso era alegria, a despeito da dor. Olhando para trás, parece-me agora que nunca conheci um sentimento de gratidão tão nítido, tão forte, tão redentor, e uma alegria tão profunda, ou tão sincera.[2]

Você já experimentou o dom da graça? Se não, ele está definitivamente no seu futuro.

[2]São Francisco, Harper & Row, 1982, p. 55-6.

26

O cronograma de Deus

Aquilo que Deus nos permite experimentar é para o nosso crescimento. Deus preparou as estações da natureza para produzir crescimento, e ele prepara as experiências das fases de nossa vida também para o crescimento. Alguns dias trazem o brilho do sol; outros, trazem tempestades. Ambos são necessários. Ele sabe quanta pressão conseguimos suportar. É o que afirma 1Coríntios 10:13: "... ele não permitirá que vocês sejam tentados além do que podem suportar". Mas permite que sejamos tentados, sintamos dor e experimentemos o sofrimento. Ele nem sempre nos dá aquilo que acreditamos precisar ou queremos, mas o que promoverá crescimento.

Quando sofremos uma perda, nós nos sentimos como os discípulos arrastados pela tempestade no mar da Galiléia naquele barquinho. As ondas lançam-nos para cá e para lá e, no instante em que conseguimos ficar em pé, somos atingidos por algo que vem de outra direção. Os discípulos pelejaram no mar da Galiléia, e nós pelejamos no mar da vida. Todos temos medo de virar. Tudo o que vemos são ondas que parecem ficar maiores a cada momento. Temos medo. No entanto, Jesus aproximou-se dos discípulos, e ele vem ao nosso encontro, hoje, com a mesma mensagem: "Sou eu! Não tenham medo!" (Jo 6:20).

Perguntamos a Deus: "Onde estás?", mas ele está sempre presente em meio à crise. Nós lhe perguntamos: "Quando? Quando tu responderás?". Como o salmista, clamamos: "Até quando, SENHOR? Para sempre te esquecerás de mim? Até quando esconderás de mim o teu rosto? Até quando terei inquietações e tristeza no coração dia após dia? Até quando o meu inimigo triunfará sobre mim?" (Sl 13:1,2). Queremos que Deus aja de acordo com nosso tempo, mas as Escrituras dizem: "Descanse no SENHOR e aguarde por ele com paciência" (Sl 37:7). Ficamos impacientes quando estamos esperando e, para evitar a dor da espera, muitas vezes somos levados a fazer coisas como loucos. Isso não ajuda, senão descansar no Senhor.

> Muitas vezes a espera é um momento de nuvens escuras. Nosso céu não está claro. Em vez disso, tudo parece ficar ainda mais sombrio.
>
> Contudo, a escuridão do nosso céu pode prever a alvorada. É no escuro formado pelas terríveis sombras que a obra oculta de Deus para nós acontece. O presente, por mais doloroso que seja, é de máxima importância.
>
> Em algum lugar, onde os olhos não podem ver e os ouvidos não são capazes de ouvir, Deus está, e ele está agindo.[1]

Você talvez não sinta que Deus está fazendo algo para ajudá-lo a se recuperar. Por quê? Porque queremos nossa recuperação *agora*. A filosofia da solução imediata proposta pela sociedade

[1]Larry RICHARDS, *When it hurts too much to wait*, Dallas, Word, 1985, p. 67-8.

muitas vezes invade uma perspectiva apropriada de Deus. Reclamamos por esperar algumas semanas ou dias, mas, para Deus, um dia é como mil anos, e mil anos, um piscar de olhos. Deus trabalha de maneiras ocultas, mesmo quando você e eu estamos totalmente frustrados porque ele, ao que parece, não responde. Simplesmente não percebemos que ele está agindo. Veja as palavras de Isaías para os povos de ontem e de hoje:

> Desde os tempos antigos ninguém ouviu, nenhum ouvido percebeu, e olho nenhum viu outro Deus, além de ti, que trabalha para aqueles que nele esperam. Vens ajudar aqueles que praticam a justiça com alegria, que se lembram de ti e dos teus caminhos. Mas, prosseguindo nós em nossos pecados, tu te iraste. Como, então, seremos salvos?
>
> Isaías 64:4,5

Deus tem uma razão para tudo o que faz e um tempo determinado para fazê-lo: "'Porque sou eu que conheço os planos que tenho para vocês', diz o SENHOR, 'planos de fazê-los prosperar e não de lhes causar dano, planos de dar-lhes esperança e um futuro'" (Jr 29:11). Permita-se não saber o que, não saber como e não saber quando. Ainda que você se sinta à deriva do mar agitado, Deus o está segurando e sabe para onde você será levado. Permita-se acreditar que esperar pode dar-lhe esperança. Para Deus não há problema algum em pedir que esperemos semanas, meses e até anos. Nesse tempo em que não recebemos a resposta e (ou) a solução de que acreditamos precisar, ele nos dá a presença dele: "Mas eu confio em ti, SENHOR, e digo: Tu és o meu Deus. O meu futuro está nas tuas mãos; livra-me dos meus inimigos e daqueles que me perseguem" (Sl 31:14,15).

27

O aplauso do céu

No livro inspirador de Max Lucado, *O aplauso do céu*, o autor termina com um capítulo que fala sobre a ida para casa. Ele inicia o capítulo descrevendo o fim de uma longa viagem que ele faz e, por último, sua chegada ao aeroporto. A mulher e as três filhas ficam agitadas com o fato de ele estar em casa. Mas uma delas tem uma reação muito interessante. Em meio aos gritos de alegria por ele estar em casa, ela pára por um bom tempo para bater palmas. Ela o aplaude. Isso não é diferente? Contudo, não deixa de ser uma atitude afirmativa e apropriada! Em seguida, ele prossegue falando sobre o último lar do cristão e sua ida para casa. Naturalmente, Jesus também baterá palmas quando chegarmos ao lar.

Em Apocalipse 21:1-4, lemos a descrição de João de como será o lar para onde iremos:

> Então vi novos céus e nova terra, pois o primeiro céu e a primeira terra tinham passado; e o mar já não existia. Vi a Cidade Santa, a nova Jerusalém, que descia dos céus, da parte de Deus, preparada como uma noiva adornada para o

> seu marido. Ouvi uma forte voz que vinha do trono e dizia: "Agora o tabernáculo de Deus está com os homens, com os quais ele viverá. Eles serão os seus povos; o próprio Deus estará com eles e será o seu Deus. Ele enxugará dos seus olhos toda lágrima. Não haverá mais morte, nem tristeza, nem choro, nem dor, pois a antiga ordem já passou.

João diz que, algum dia, Deus enxugará suas lágrimas. As mesmas mãos que estenderam os céus tocarão sua face. As mesmas mãos que formaram as montanhas vão acariciar seu rosto. As mesmas mãos que se dobraram, em agonia, quando os cravos romanos as atravessaram, irão, algum dia, segurar-lhe o rosto e enxugar para sempre suas lágrimas.

Quando você imagina um mundo onde não haverá razão para chorar, isso não o faz desejar ir para casa?

"A morte já não existirá...", João declara. Você consegue imaginar? Um mundo sem carros funerários, necrotérios, cemitérios ou lápides? Você consegue imaginar um mundo sem pás lançando terra sobre caixões? Sem nomes esculpidos no mármore? Sem enterros? Sem roupas pretas? Sem coroas de flores para os mortos?

No mundo vindouro, João diz, nunca mais se dirá "adeus".[1]

Cada pessoa na terra está designada a morrer algum dia. Tememos a morte, resistimos a ela, tentamos adiá-la e até negamos sua existência. Mas isso de nada serve. Não podemos impedir que as pessoas queridas morram. Não podemos impedir nossa

[1] *The applause of heaven*, Dallas: Word, 1990, p. 186-7. [Publicado em português sob o título *O aplauso do céu* (São Paulo: United Press, 1997).]

morte. Mas podemos ver a morte pela perspectiva de Deus. Max Lucado conclui seu livro com o que significa ir para casa por uma nova perspectiva:

> Antes que você perceba, a hora marcada chegará; você descerá a rampa e entrará na Cidade. Verá rostos à sua espera. Ouvirá seu nome ser mencionado por aqueles que você ama. E, talvez, apenas talvez — lá no fundo, atrás da multidão —, aquele que preferiu morrer a viver sem você tirará as mãos perfuradas de sua veste celestial e *aplaudirá*.[2]

Sim, seus entes queridos que morreram agora estão dizendo "olá" no céu. Pensar assim não é confortante?

[2]Ibid.

28

As perguntas que surgem no sofrimento

Alguns dias em sofrimento e você não pensa em afirmações, porém mais em perguntas, que passam por sua mente como um carrossel que não pára. Elas passam e passam em busca de respostas, mas nada as satisfaz. Você já teve esses dias em que as perguntas estavam presentes, mas não as respostas? Você não está sozinho. Veja as perguntas de Jó:

> Por que não morri ao nascer, e não pereci quando saí do ventre?
>
> Jó 3:11

> Não é pesado o labor do homem na terra? Seus dias não são como os de um assalariado?
>
> Jó 7:1

> Por que escondes o teu rosto e me consideras teu inimigo?
>
> Jó 13:24

> Onde está então minha esperança? Quem poderá ver alguma esperança para mim?
>
> Jó 17:15

Para quem ele estava perguntando? Para Deus. E a resposta de Deus? Silêncio. Você já pensou na possibilidade de que a melhor resposta às vezes é o silêncio? Quando não há respostas práticas, ou as respostas não são o que você gostaria de ouvir ou não está em condições de aceitar, console-se com o silêncio.

Rainer Maria Rilke ajuda-nos a responder às perguntas:

> Tenha paciência com tudo o que há para resolver no coração e procure amar as próprias perguntas como quartos fechados ou livros escritos em um idioma muito estranho. Não busque agora as respostas que não lhe podem ser dadas, porque não as poderia viver. E a questão é: viva tudo. Viva as perguntas agora. Talvez depois, aos poucos, sem perceber, em um dia longínquo, você consiga viver as respostas.[1]

Convém compartilhar suas perguntas com outras pessoas, mas, antes disso, faça com que saibam que você não está procurando respostas. Você só quer que saibam o que está se passando em seu coração e em sua mente.

Não tenha medo de suas perguntas e da audácia delas. Deus conhece nossos pensamentos e o que diremos antes mesmo de dizê-lo, por isso, converse com ele.

Veja a oração desta pessoa sincera:

> Como orarei?
> São orações com lágrimas, Senhor?

[1]*Letters to a young poet*, Mineola, NY: Dover, 2002. [Publicado em português so o título *Cartas a um jovem poeta* (23.ª ed., São Paulo: Globo, 1995).]

São orações com gritos,
ou gemidos,
ou suspiros,
ou maldições?
Podem mãos trêmulas ser levantadas a ti,
ou punhos cerrados,
ou o suor frio que escorre pelas minhas costas,
ou as cólicas que dão um nó no meu estômago?
Tu aceitarás as minhas orações, Senhor,
as minhas verdadeiras orações
arraigadas na sujeira, na lama e nas pedras de minha vida,
e não apenas o meu belo buquê de palavras, com flores aparadas e dispostas de forma graciosa?
Tu me aceitarás, Senhor,
como eu realmente sou,
uma mistura confusa de glória e imundice?[2]

Que o Deus de toda a consolação esteja com você em sua busca.

[2]Ted LODER, *Guerillas of grace*, Filadélfia, Innisfree Press, 1984.

29

Sonhos

Você já ouviu Deus falar? Muitos já ouviram. Oh, talvez não com uma voz audível, mas ele fala de outras formas. Seguem algumas percepções de Jó:

> Pois a verdade é que Deus fala [...] Em sonho ou em visão durante a noite, quando o sono profundo cai sobre os homens e eles dormem em suas camas, ele pode falar aos ouvidos deles e aterrorizá-los com advertências.
>
> Jó 33:14-16

Frederick Buechner disse:

> De vez em quando, se for como eu, você tem um sonho que o faz despertar. Às vezes, é um sonho ruim — um sonho em que as sombras são tão ameaçadoras que o coração se sobressalta e você acaba por acordar e descobrir que nem a real escuridão da noite é tão apavorante quanto a escuridão do sonho, nem as sombras de fora tão terríveis quanto as sombras de dentro. Às vezes, é um sonho triste — um

sonho triste o bastante para trazer lágrimas de verdade aos seus olhos sonolentos de modo que são as suas lágrimas que o acordam, é para elas que você desperta. Ou, mais uma vez, se você for como eu, há sonhos que dão uma guinada tão absurda que você acorda rindo — como se precisasse ser acordado para desfrutar de todo o aparato da comédia. O mais raro de todos é o sonho que desperta você com o que só posso chamar de verdade.

O curso de seu sonho segue ora nesta direção, ora naquela — uma cena desaparece com a outra, as pessoas vêm e vão como fazem nos sonhos — e então, de repente, lá do lugar onde brotam os sonhos, acontece algo que estremece os alicerces. O mistério do sonho, de repente, se dissipa como a névoa, e, por um instante, você vislumbra a verdade mais fiel do que qualquer outra que tenha conhecido, mesmo que seja apenas uma verdade a seu próprio respeito. De qualquer forma, é verdade demais para um sonho conter; e o sonho é interrompido.[1]

Se você estiver tendo dificuldade para dormir, tente fazer esta oração antes de ir para a cama:

Querido Deus,

Nós lhe agradecemos pela escuridão da noite na qual se encontra o mundo dos sonhos. Guia-nos para mais perto de nossos sonhos para que possamos ser acalentados por eles. Dá-nos bons sonhos e faze com que nos lembremos deles

[1] *A room called remember*, New York, Harper & Row, 1984, p. 4.

para que possamos levar sua poesia e mistério para a vida no dia-a-dia.

Concede-nos um sono profundo e tranqüilo para que possamos acordar revigorados e com força suficiente para renovar um mundo que ficou cansado.

Damos graças a ti pela inspiração das estrelas, a dignidade da lua e as canções de grilos e rãs que nos embalam.

Renovemos a noite e a reivindiquemos como um santuário de paz, onde o silêncio será música para o coração e a escuridão lançará luz sobre a alma. Boa noite. Bons sonhos. Amém.[2]

[2]Michael LEWING, *A common prayer*.

30

As tempestades desaparecerão

> Misericórdia, SENHOR! Estou em desespero! A tristeza me consome a vista, o vigor e o apetite. Minha vida é consumida pela angústia, e os meus anos pelo gemido; minha aflição esgota as minhas forças, e os meus ossos se enfraquecem.
>
> Salmos 31:9,10

Impressionante, não é mesmo? É uma descrição de lamento. Não é uma situação confortável nem a que escolheríamos intencionalmente. É doloroso, confuso e assustador. Parte do medo é fruto de nossa condição de não saber se o que estamos sentindo ou experimentando é normal ou se estamos enlouquecendo.

Você se lamentará à sua própria maneira, e isso pode mudar de um dia para o outro. Você talvez seja uma pessoa que prefira estabilidade e uma rotina definida à mudança, ou o contrário. O que você experimenta agora talvez seja totalmente diferente amanhã.

O sofrimento assume muitas formas e expressões. A sua bagagem cultural afetará a expressão desse sentimento. Alguns têm por estilo lamentar, enquanto outros não se expressam publicamente. Às vezes você está ciente de suas emoções. Outras vezes, elas o afetam, mas não há consciência. Isso também é normal.

Um cantor e amigo sofreu a morte da noiva. Veja como foi a sua jornada emocional.

> Eu me mudei para um compartimento vazio, pelo menos emocionalmente. Todos os sonhos, planos e anseios se ajustaram à linha do horizonte e além dele. A estação do meu coração passou a ser o inverno e, por dois anos, esse coração se negou a deixar a primavera chegar. Em meio a toda dor e a todo o choque, aos porquês e às "suposições", às noites não dormidas, à luta com Deus, ao teste de fé, duas perguntas surgiram. A primeira simplesmente dizia respeito à sobrevivência: Há uma saída? A segunda, que veio muito mais tarde, era: Há um caminho de volta? Para a vida? Para o sentimento? Para a alegria? Ou será que me tornei um entre as multidões, desesperado em silêncio, sutilmente (ou declaradamente) cético, arrastando-me em direção ao último e único refrigério, à morte e ao céu além?[1]

Algum tempo mais tarde, ele pôde escrever estas palavras que podem nos dar esperança:

> Pouco a pouco, as tempestades diminuíram e se espaçaram. As estrelas romperam. E muitos meses mais tarde, depois de

[1]Billy SPRAGUE, *Letter to a grieving heart*, Eugene, Harvest House, 2001, p. 39, usado com permissão.

mais de um ano se passar, algo aconteceu. As lágrimas começaram a mudar. E espero e oro para que isso aconteça com você também.

Em algum momento — e isso pode levar muito tempo para acontecer, em um desses momentos em que uma determinada música toca no rádio ou em que você faz aquela curva familiar na estrada onde andava, conversava, comia, sorria ou brincava com a pessoa que agora está segura nos braços do céu — quando a agonia da separação brotar no seu íntimo como uma dor física, as lágrimas mudarão. Uma certa alquimia, como a água transformada em vinho, acontecerá. As lágrimas deixarão de ser reflexões de sofrimento e passarão a ser jóias de homenagem. Não mais serão, na maioria das vezes, rios de autopiedade, mas brilharão em sinal de honra àquele que você perdeu. Talvez toda a autopiedade nunca passe, assim como o mais belo diamante com imperfeições que o tornam único. Mas você saberá quando isso acontecer. Você terá o que C. S. Lewis chamou de agonia "pura e honesta", momentos "bons e tônicos". O céu começará a clarear. A cor voltará à paisagem.

E mesmo antes de você estar plenamente ciente disso, algo misterioso acontecerá. Você fará o que mais teme — soltar-se um pouco mais. Um passo de volta à terra dos viventes logicamente parecerá um passo mais distante daquele por quem você chora. Mas ao desprender-se — e isto é uma parte misteriosa —, você será levado para mais perto, e não para mais longe, dos campos do céu e daqueles que você sabe que estão lá. Você sentirá o quanto é fino o véu que está entre este mundo e o mundo vindouro — uma cortina sustentada apenas por uma seqüência de batidas do coração. E, em vez de querer que o coração pare, a firmeza da batida do coração irá chamá-lo de volta a esta vida como um código Morse universal.[2]

[2]Ibid., p. 16.

31

Deus, onde estás?

"Deus, onde estás?" "Estou aqui."

Essa é a resposta de Deus. Às vezes, quando bate a dor, nós nos perguntamos onde Deus está, ou nos sentimos alienados. Sentimos o peso da perda em vez da esperança do descanso. Neste exato momento, você pode se sentir distanciado de Deus ou pode se sentir mais perto. No sofrimento, precisamos de algo para termos estabilidade. Várias vezes as Escrituras nos dão o consolo que desejamos quando falam sobre o coração compassivo de Deus.

> Embora ele traga tristeza, mostrará compaixão, tão grande é o seu amor infalível. Porque não é do seu agrado trazer aflição e tristeza aos filhos dos homens, esmagar com os pés todos os prisioneiros da terra.
>
> Lamentações 3:32,33

Bem-aventurados os que choram, pois serão consolados.

Mateus 5:4

Mas tu enxergas o sofrimento e a dor; observa-os para tomá-los em tuas mãos. A vítima deles entrega-se a ti; tu és o protetor do órfão.

Salmos 10:14

O seu sol nunca se porá, e a sua lua nunca desaparecerá, porque o SENHOR será a sua luz, para sempre, e os seus dias de tristeza terão fim.

Isaías 60:20

Porque falei estas coisas, o coração de vocês encheu-se de tristeza [...] Digo-lhes que certamente vocês chorarão e se lamentarão [...]. Vocês se entristecerão, mas a tristeza de vocês se transformará em alegria.

João 16:6,20

Pois não temos um sumo sacerdote que não possa compadecer-se das nossas fraquezas, mas sim alguém que, como nós, passou por todo tipo de tentação, porém, sem pecado.

Hebreus 4:15

É provável que o mundo não seja aquele que você gostaria neste momento de sua vida. Deus está no processo de transformar novamente o seu mundo em algo que será diferente e melhor em muitos sentidos. Ele o ajudará dando-lhe força, graça e uma sensação envolvente do amor dele.

O amor de Deus irá manifestar-se à sua volta de maneiras simples. E, aos poucos, esse grande amor nascerá como a aurora, irá aquecê-lo e arrastá-lo rumo ao horizonte. Deus, o Pai de todos nós, e a quem o coração ferido conhece, ama você. E, algum dia, este cânion pelo qual ele o está fazendo passar será um monumento ao poder desse amor.

Coragem, amigo ferido. Reserve um instante para sofrer, mas sofra e tenha esperança. Chore um rio. Um oceano, se quiser. Aceite a mão que lhe é gentilmente oferecida. Ajude um frágil pintarroxo. Continue a amarrar os sapatos. Leia os salmos ou peça para alguém lê-los para você. Encontre bons companheiros de caminhada e boas músicas para ouvir nas viagens. Aqui está uma das minhas. Às vezes, eu a ouço ser cantada da terra para o céu. Às vezes, acho que é cantada para nós pelos que já estão lá .

Não quero deixá-lo ir.
Não quero dizer adeus,
Mas a estrada pela qual ele tem nos conduzido aqui se divide.
Nada posso dizer ou fazer.
É impossível ser de outro modo
Senão a promessa de saber para sempre que não há tempo ou espaço.
E lá, em algum lugar, orarei
E falarei o seu nome... Todos os dias para o céu.
Agora vá, brilhe como uma estrela,
Sabendo que o nosso coração jamais poderá estar de fato separado.
Voe o mais alto que puder,
E não demorará
Para que eu veja você novamente.

O que se pretende é tal mistério,
E mistérios não são para ser compreendidos.
A parte mais difícil do amor tem de ser
Deixá-lo em mãos maiores.[1]

[1]Billy SPRAGUE, *Letters to a grieving heart*, Eugene, Harvest House, 2001, p. 62-3, usado com permissão.

32

Tempo de derramar lágrimas

Nosso filho morreu em 1990. Sua vida e morte ensinaram minha mulher e a mim coisas sobre perda e sofrimento. Matthew tinha uma terrível doença mental e morreu aos 22 anos. Muitas foram as lágrimas durante anos.

Encontrei duas respostas escritas para as minhas lágrimas que coloquei em uma pasta. Escrevi esta primeira nove meses depois da morte de Matthew:

5 de janeiro de 1991

Para onde foram as lágrimas? Houve um momento em que pensei que elas jamais acabariam, mas agora sinto falta delas como se fossem amigas. Resta apenas uma névoa onde antes era uma correnteza; as lembranças estão desaparecendo tão rapidamente, assim como o sonho da noite passada. Parece que as coisas ficaram assim rápido demais, mas percebo que as lágrimas ainda podem voltar outro dia. Quem imaginaria que nos faltariam os soluços e os olhos embaçados, mas eles nos faltaram. E, não obstante, ainda que isso seja escrito, é difícil encontrar as palavras por alguma estranha razão.

Os poemas e as cartas de amigos ajudam a trazer de volta a perda. Palavras de consolo expressas no momento de mais profunda dor ajudam a manter viva a memória de Matthew. Pois isso é tudo o que temos dele agora — lembranças. Outra pessoa tem a alegria de sua presença, seu riso, seu sorriso e seus abraços.

Para onde foram as lágrimas? Elas não foram. Estavam escondidas e esperando, mais uma vez, o momento de serem evocadas para ajudar a expressar a perda. Estão aqui novamente, não como um intruso, mas como um amigo bem-vindo. Por favor, não se ausentem tanto da próxima vez. Preciso de vocês. Precisamos de vocês...

Depois, no décimo quinto mês, escrevi:

Já faz algum tempo desde que os sentimentos vieram à tona. Você começa a se perguntar se eles virão novamente. Mas, então, eles vêm. E a cada vez é diferente. Começou quando encontrei algumas fotos antigas de Matthew, quando era bem jovem; ele estava sorrindo na maior parte delas. Dois dias depois, estávamos assistindo ao programa de televisão do dr. Ogilvie em uma manhã de domingo quando ele leu a passagem em que o oficial do rei se aproximou de Jesus para falar do filho que estava morrendo. Jesus disse-lhe para ir para casa, pois o filho viveria. Tanto minha mulher quanto eu tivemos a mesma reação: "Eu gostaria

> que Jesus tivesse feito esta afirmação para nós a respeito de Matthew". As lágrimas rolaram naquela manhã. Elas sempre estarão ali e virão quando menos esperarmos. Mas elas estão ali como parte de nossa ligação com algo que valorizamos, mas que perdemos, pelo menos neste momento. Elas também nos fazem lembrar que a vida é uma série de transições e mudanças, das quais algumas gostamos e a outras resistimos.

Você pode se recuperar. Será preciso entender o processo de sofrimento, uma mudança de atitude em que se deixa de pensar: *Nunca terá fim*, e se passa a pensar: *Eu irei me adaptar e sobreviverei*, e uma disposição para fazer a jornada dolorosa pelo deserto do sofrimento.

Ann Kaiser Stearns diz: "Todos nós nos sentimos impotentes às vezes porque somos humanos. Os que sobrevivem com sucesso, no entanto, trocam a posição de impotência por uma decisão de assumir o controle da situação e buscar opções".[1]

Seja paciente com sua recuperação, mas creia que você se recuperará. David Wiersbe dá um bom conselho sobre a questão do crer:

> No sofrimento, Deus parece ter nos abandonado. Ele não nos abandonou. No sofrimento, nós nos sentimos como se nada tivesse importância. Mas tem. Às vezes achamos que não vale a pena viver: Vale! Em tempos de dor, as pessoas de fé têm de "crer contra o que é natural". Em

[1]*Coming back*, New York, Ballantine, 1988, p.172.

nossa fraqueza, Deus revela sua força e, com isso, fazemos mais do que pensamos ser possível.

Fé significa apegar-se a Deus a despeito das circunstâncias. Significa segui-lo quando não podemos ver, ser fiel a ele quando não temos vontade.

Os que choram precisam de uma crença — um "Eu creio!". Precisamos afirmar essa crença todos os dias:

- Eu creio que as promessas de Deus são verdadeiras.
- Eu creio que o céu é real.
- Eu creio que verei meu filho novamente.
- Eu creio que Deus me ajudará até o fim.
- Eu creio que nada poderá me separar do amor de Deus.
- Eu creio que Deus tem uma obra para eu realizar.

"Crer contra o que é natural" significa ter uma atitude de sobrevivência. Pais que perderam um filho são sobreviventes; eles têm resistido. Eles não só sobrevivem, mas também, por causa do sofrimento, criam algo bom.[2]

[2]*Gone but not lost*, Grand Rapids, Baker, 1992, p. 55.

33

Um salmo de lamento

Lamento. Não é uma palavra comum. A maioria de nós não a usa em conversas do dia-a-dia. Não obstante, quando estamos sofrendo, nós a usamos. Mais de uma dúzia de diferentes termos em hebraico é traduzida por "lamento". Lamentar significa chorar ou expressar profunda aflição, tristeza ou contrição. Na vida dos hebreus, a lamentação pública era algo comum. Em Amós, lemos: "Haverá lamentação em todas as praças e gritos de angústia em todas as ruas. Os lavradores serão convocados para chorar e os pranteadores para se lamentar" (5:16).

O modelo de pranto dos judeus ou dos povos do Oriente Médio é muito saudável porque eles dão expressão aos sentimentos. Não corrigem o que dizem. Tampouco precisamos fazê-lo. O seguinte salmo de lamento não é extraído das Escrituras, mas provém do coração de uma pessoa que experimentou uma perda. Leia-o em voz alta e depois o compare com sua situação. Esta é outra forma de experimentar o consolo de Deus.

Noite após noite
Reúno minhas lágrimas

E as envio para ti, ó Deus.
Noite após noite
Eu me coloco em tua presença,
coberto de lágrimas.
Tem misericórdia de mim.
Ouve o meu pranto
e volta o teu coração para mim.
Choro pelo que foi
e nunca mais será novamente.
Choro por um futuro
que não é mais possível.
Choro porque amo.
Como um salgueiro
junto à beira de um rio,
estou curvado
sob o peso de minhas lágrimas.
Elas inundam meu mundo,
E não há como deter
a sua força.
Livra-me, ó Deus, de me afogar!
Ó Deus,
fechaste os teus ouvidos
para o meu pranto?
Fechaste os teus olhos
tanto que tu não me vês
afundando?
Tu te esqueceste de mim
noite após noite?
Tu não ouviste o teu filho

chorando por Jerusalém?
Tu não contaste suas lágrimas
quando Lázaro morreu?
Tu não viste
o quanto ele ficou profundamente comovido
com o choro de Maria?
Ó Deus, reconhece-me,
pois, noite após noite,
reúno as minhas lágrimas
e as envio para ti.

Eu confio em ti, ó Deus,
pois a tua mão
pode separar as águas,
ou gentilmente enxugar as lágrimas
dos que sofrem.
Eu confio em ti, ó Deus,
dia após dia.[1]

[1] Ann WEEMS, *Psalms of lament*, Louisville, Westminster John Knox Press, 1995, p. 55-6, usado com permissão.

34

Você é especial

Você se sente uma pessoa especial neste momento ou alguém que está na posição de vítima? Quando estamos em estado de crise ou lidando com uma perda, nós nos sentimos mais como vítimas, e não de modo positivo. Tenha em mente que, independentemente do que esteja acontecendo em sua vida neste exato momento, você é especial — mais especial do que imagina. E não só isso, Deus quer o melhor para você, ainda que as coisas não pareçam assim neste momento.

Observemos a Palavra de Deus:

> Sei que a bondade e a fidelidade me acompanharão todos os dias da minha vida, e voltarei à casa do SENHOR enquanto eu viver.
>
> Salmos 23:6

> Farei com eles uma aliança permanente: Jamais deixarei de fazer o bem a eles [...] Terei alegria em fazer-lhes o bem, e os plantarei firmemente nesta terra de todo o meu coração e de toda a minha alma. Sim, é o que farei.
>
> Jeremias 32:40,41

Nossa compreensão de quem é Deus e de como ele quer abençoar-nos é enriquecida quando percebemos que ele está empenhado em cumprir o bem em nossa vida.

Alguns anos atrás o coral de nossa igreja cantou um hino baseado em Sofonias 3:17. Eu nunca ouvira aquela canção antes. As palavras estavam impressas no boletim da igreja, e eu as leio muitas vezes porque me encorajam, me inspiram e me fazem lembrar do que eu significo para Deus:

> E o Pai dançará de alegria sobre ti!
> Ele se deleitará em quem ele ama.
> Este é o coro que ouço cantar os louvores de Deus?
> Não, o próprio Senhor Deus está exultando sobre ti com júbilo!
> E ele se regozijará em ti com júbilo!
> A minha alma se gloriará em Deus,
> Pois ele respondeu a todos os meus clamores.
> A sua fidelidade para comigo é tão certa quanto o romper de um novo dia.
> Desperta minha alma e canta!
> Que o meu espírito se regozije em Deus!
> Canta, ó filha de Sião, de todo o teu coração!
> Lança fora o medo porque tu foste restaurada!
> Põe a veste de louvor como o fazes em um dia de festa.
> Junta-te ao Pai em um cântico glorioso e de júbilo.
> Deus regozija-se em ti com júbilo.[1]

[1]*And the Father will dance*, letra adaptada de Sofonias 3:14,17 e Salmos 54:2,4 e arranjo de Mark Haynes.

Em seu fascinante livro, *The pleasures of God* [*Os deleites de Deus*], John Piper lindamente expressa como Deus deseja fazer o bem a todos os que esperam nele. O dr. Piper fala sobre o canto de Deus e pergunta: "Como seria se Deus cantasse?":

> O que você ouve quando imagina a voz de Deus em um canto?
>
> Ouço o estrondo das cataratas do Niágara misturado ao fluir de um rio coberto de musgo entre as montanhas. Ouço a rajada de vento no monte St. Helens misturado ao ronronar de um gatinho. Ouço a força de um furacão na Costa Oriental e o sopro quase audível da neve da noite na floresta. E ouço o bramido inimaginável do Sol, com aproximadamente um milhão e quatrocentos mil quilômetros de espessura, um milhão e trezentas mil vezes maior do que a Terra, e nada senão fogo, a um milhão de graus centígrados sobre a superfície mais fria da coroa. Mas ouço esse bramido inimaginável misturado ao crepitar suave e acalorado de lenhas na sala de estar em uma noite aconchegante de inverno.
>
> Fico espantado, perplexo, emudecido por vê-lo se alegrar comigo — alguém que o desonrou tantas vezes e de tantas formas. É bom demais para ser verdade. Ele está se alegrando com o meu bem de todo o seu coração e de toda a sua alma. Ele praticamente exulta com cânticos quando encontra uma nova forma de me fazer o bem.[2]

[2]Portland, Multnomah, 1991, p. 188.

Entendeu o significado de como Deus se sente com relação a *você* e o que ele quer para sua vida? Você tem consciência da bênção para a qual foi criado e escolhido?

Isso lhe diz alguma coisa sobre seu valor e importância? Isso abre as portas de possibilidade para que você faça escolhas em sua vida que levem à esperança e, por fim, à mudança e à bênção? É possível.

Lembre-se disso repetidas vezes. Isso lhe dará um dia melhor.

35

A lentidão do sofrimento

O sofrimento é cheio de coisas inesperadas — respondemos de outras formas, temos outros pensamentos, temos outros sentimentos e simplesmente não somos nós mesmos. Temos a tendência de lutar contra isso a cada passo do caminho porque simplesmente não traduz "quem somos". E assim nós nos sentimos pouco à vontade. Mas a verdade é que precisamos de tudo o que estamos experimentando. Sim, de fato precisamos do que está acontecendo porque isso nos ajuda a sarar.

Precisamos das lágrimas do sofrimento. Elas expressam o que as palavras não conseguem expressar. Sem o derramar de lágrimas, é provável que haja mais tarde erupções do tamanho de um vulcão, quando a tampa for tirada. Lágrimas não são sinônimos de falta de fé nem são um sinal de desespero. As lágrimas nunca precisam de explicação ou de justificativa.

Também precisamos da lentidão do sofrimento. Quando ele aparece, é como se alguém colocasse uma chave para diminuir o ritmo de cada relógio que vemos. Independentemente do que tentemos, isso não acelerará o processo. Uma amiga, Joyce Landorf Heatherly, descreveu muito bem a questão:

O tempo parece parar por completo depois que perdemos uma pessoa querida. O momento mais insuportável do dia parece ser aquelas horas escuras que antecedem o amanhecer. Está tão frio, tão escuro, tão sombrio naquela hora do dia que nossa ansiedade fica extremamente sufocante.

No entanto, não seja impaciente com a lentidão da música do sofrimento. O *largo*[1] que descreve seu andamento (que se arrasta em um ritmo lento de enlouquecer) talvez seja muito essencial para uma recuperação saudável. Ansiamos pelo andamento *alegro*[2] daquilo que reconhecemos como "normal" para a melodia de nossa vida, mas talvez seja preciso um bom tempo para que, por fim, a música do sofrimento seja executada.

Se corrermos demais nesse tempo de ajuste, privamos o sofrimento do trabalho da cura gradativa que ele deve desempenhar. Não devemos ter tanta pressa de fazer com que os amigos que perderam alguém ou nós mesmos "voltemos ao normal". É essencial lembrar que o "normal" passou a ser para sempre anormal. Cometemos uma injustiça para com os que sofrem a perda quando não os deixamos sofrer. E uma vez que precisamos sofrer, se não nos permitirmos isso, criamos ainda outro problema: a *culpa*. Os que sofrem a perda não querem se afastar do local do túmulo e fazer descer uma cortina mental, desligando-se para sempre da pessoa que morreu. Isso é cruel e, de algum modo, parece

[1]Termo técnico musical para andamento (grau de velocidade das pulsações de um trecho musical) vagaroso. (N. do E.)

[2]Trecho musical em andamento animado. (N. do E.)

> ser uma coisa muito desleal a ser feita. Isso provoca em quem sofreu a perda o sentimento de culpa de não serem verdadeiros ou fiéis para com a pessoa que faleceu. Eles devem ser encorajados a falar, expressar os sentimentos — sejam de tristeza, raiva ou solidão — e ter todo o tempo de que precisam. A lentidão natural do sofrimento coopera aqui e pode ser uma ferramenta útil para ajustes na vida.[3]

Também precisamos aceitar a apatia do sofrimento. Você não tem energia, motivação ou desejo de fazer muita coisa neste momento. É uma luta só para vencer o dia, e tarefas que antes eram simples parecem penosas. Tomar decisões é algo trabalhoso agora. C. S. Lewis descreveu essa apatia como a "inércia do sofrimento". Permita-se não ser você mesmo e não espere muita coisa. Peça ajuda aos outros. Deixe que eles o auxiliem em sua vida neste momento.

Também precisamos ver o sofrimento como uma dádiva criativa. Por causa do sofrimento, os valores mudam e muitas vezes novos sonhos despontam. Talvez seja difícil acreditar nisso agora, mas um novo dia chega. Se você puder aceitar esses fatores, então o consolo poderá acompanhar a dor e a inquietação. Há sempre um amanhã diferente.

[3]*Mourning song*, Old Tappan, Fleming H. Revell, 1974, p. 150-1.

36

Vencendo o medo

Medo. Com as perdas e o sofrimento, os medos começam a aparecer em nossa vida. As "suposições" encontram um ponto de apoio. O que acontecerá se eu ficar assim para sempre? O que acontecerá se eu não melhorar? O que acontecerá se surgir outra perda em minha vida? O que acontecerá se ninguém me ajudar? Aqueles que se recuperam são aqueles que encaram, identificam os medos e os colocam em perspectiva e deixam que eles diminuam lentamente enquanto se concentram em melhorar num sentido positivo. Para os que sobreviveram, foi útil fazer uma lista com cada um de seus medos e pôr um sinal ao lado deles toda vez que ocorreram. Também é útil identificar o que você costumava temer e como o superou.

Não há nada que possa ajudar alguém a superar o medo como se concentrar na Palavra de Deus e memorizá-la. Deus pode usar passagens como Isaías 41:10; 43:1; Filipenses 4:6-9 e Salmos 37:1-10 para dar-lhe a paz que está procurando. Nunca fuja dos seus medos ou ceda a eles porque, toda vez que o fizer, o medo aumentará. Encare-o, admita que você está com medo e depois o expulse.

Anos atrás tive o privilégio de conhecer a mulher de um pastor, autora de um artigo inspirador sobre uma carta que escreveu para os filhos. A carta expressava seu modo de lutar contra a reincidência de um câncer. Em um trecho da carta, ela falou sobre o medo:

> O medo bateu à minha porta. Por vezes, nos últimos cinco dias, eu o deixei entrar no coração por um tempo. Não foi bom. Pensei em coisas tolas como: não poder usar o terninho novo de meia-estação que acabamos de comprar em liquidação ou aquela linda saia de lã que estou esperando para usar há seis meses. Outras vezes, pensei no quanto gostaria de ver Kathy se formar, ir à escola bíblica, apaixonar-se pelo mais belo homem cristão que este mundo já vira e depois vê-la atravessar o corredor da igreja segurando o braço do pai. Depois, que gostaria de ver Kim casado e estabelecido na vida. Por fim, sem dúvida, que gostaria de ter netos.
>
> Mas, meus queridos filhos, estes são pensamentos humanos e não é saudável insistir neles. Sei que um dos desejos mais fortes que Deus nos deu é o de viver, mas quero dizer a Deus que confio isso a ele também. Minha visão é tão limitada. Esses desejos humanos são os mais puros da terra, mas se eu tão-somente vislumbrasse um pedacinho do céu, não iria querer ficar aqui. Como sou humana, quero ficar. Por isso, decidi colocar um sinal que diz "Não Ultrapasse" à entrada do caminho dos desejos humanos e não deixar meus pensamentos divagarem por ele.

> Quando o medo bate, minha firme decisão é deixar que a fé responda à porta, a fé que está firmada na promessa fiel da Palavra de Deus.[1]

Como você consegue tomar esse tipo de decisão? Às vezes significa pedir ajuda aos outros. O medo poderia ter um componente útil associado a ele. Isso poderia incentivá-lo a fazer algumas mudanças necessárias que poderiam ter um impacto positivo na vida.

[1]Shirley INRAU, "Learning with a dying mother", *Confident Living* (dezembro de 1987), p. 20-2.

37

A adoração traz consolo

Você já pensou que adorar a Deus pode lhe dar consolo? Foi assim que Jó encontrou seu maior consolo.

> Certo dia, Jó perdeu tudo — os servos, os animais, a riqueza e os filhos. "Então, Jó se levantou, rasgou o seu manto, rapou a cabeça e lançou-se em terra e adorou; e disse: Nu saí do ventre de minha mãe e nu voltarei; o SENHOR o deu e o SENHOR o tomou; bendito seja o nome do SENHOR! Em tudo isto Jó não pecou, nem atribuiu a Deus falta alguma."
>
> Jó 1:20-22; ARA[1]

Adoramos a Deus não por causa de nossas perdas, mas a despeito delas. Não o louvamos por causa das tragédias, mas em meio a elas. Como Jó, ouvimos Deus falar conosco do meio de uma tempestade (v. Jó 38:1). Como os discípulos

[1]Dwight CARLSON, *When life isn't fair*, Eugene, Harvest House Publishers, 1989, p. 52.

> em um barquinho no mar, surpreendidos por uma terrível tempestade, vemos Jesus vindo ao nosso encontro na quarta vigília da noite. Nós o ouvimos dizer: "Tende bom ânimo! Sou eu. Não temais!" (Mt 14:27; ARA).
>
> Se você já tem um bom tempo vivido, provavelmente teve a oportunidade de ver as diferentes formas pelas quais as pessoas respondem à adversidade. A mesma tragédia pode fazer uma pessoa melhorar e deixar outra amargurada. O que faz a diferença? Os recursos. Os recursos interiores desenvolvidos ao longo de uma vida por meio de disciplinas espirituais. *Se você não adorou a Deus com freqüência nos momentos em que o sol raiou em sua vida, provavelmente não poderá adorá-lo nos momentos de escuridão.* Se você não foi íntimo de Deus nas coisas comuns da vida, não é provável que saberá como ou onde encontrá-lo se a vida lhe pregar realmente algumas adversidades. *Mas, da mesma maneira, se você adorou a Deus com freqüência e regularidade, então, sem dúvida, irá adorá-lo nos momentos de maior necessidade.*[2]

A experiência de adoração provê os recursos necessários aos quais precisamos recorrer quando tudo à nossa volta desmorona. Na adoração, a ênfase e o foco não estão em você, mas em Deus. Você percebe que sua teologia afetará o modo como você responde à perda? A resposta às perdas da vida será diretamente

[2]Harold KUSHNER, *When bad things happen to good people*, New York, Avon Books, 1981, p. 121. [Publicado em português sob o título *Quando coisas ruins acontecem às pessoas boas* (2.ª ed., São Paulo, Nobel, 1988).]

determinada por sua compreensão de Deus e pelo modo de adorá-lo.

Muitas vezes temos a impressão de que não estamos adorando a Deus quando estamos sofrendo. Mas é aí que começa a adoração. "Deus, não tenho vontade de fazer isso, mas, a despeito do que aconteceu, farei o que Jó fez. Eu te louvarei e te honrarei. Começarei adorando a ti."

Somos pessoas que normalmente colocam a fé em fórmulas. Nós nos sentimos à vontade com o que é previsível, regular e garantido. Queremos que Deus seja assim também, e, por isso, tentamos criá-lo à imagem do que queremos que ele seja e do que queremos que ele faça.

No entanto, você e eu não podemos prever o que Deus fará. Paulo faz-nos lembrar disso em Romanos 11:33: "Ó profundidade da riqueza da sabedoria e do conhecimento de Deus! Quão insondáveis são os seus juízos e inescrutáveis os seus caminhos!".

Deus não é indiferente nem está ocupado em algum outro lugar. Ele não é insensível nem punitivo. Ele é supremo, soberano, amoroso e sensível.

Não compreendo plenamente Deus. Também tenho perguntas sem resposta sobre alguns dos eventos de minha vida.

38

Eu gostaria...

Assunto não encerrado — não é raro uma pessoa pensar: "Eu gostaria que tivéssemos conversado sobre aquela questão e a resolvido" ou "Eu gostaria de ter...". Muitos se sentem incompletos por causa de um assunto não resolvido, e isso pode ser a causa de alguns remorsos. Depois de um tempo começamos a carregar os remorsos conosco como fardos indesejados.

Aqueles que estão sofrendo carregam uma bagagem que os deixa prostrados. Se você tiver remorsos, identifique-os. Coloque-os no papel para deixar claro quais são e os encare. Uma oração que deve ser feita é esta: "Deus todo-poderoso, a ti todos os corações estão abertos, todos os desejos são conhecidos, e de ti nenhum segredo está oculto. Eu ponho diante de ti esta incômoda lembrança".[1] Outra maneira de identificar o que talvez o esteja chateando é completar as seguintes frases quantas vezes forem necessárias:

Eu não fui o melhor...
Eu gostaria de ter...

[1] *The book of common prayer*, New York, Seabury, 1979, p. 323.

Aqui está outra oração proferida durante séculos e que serviu de consolo para muitos:

> Tudo o que devíamos ter pensado,
> e não pensamos.
> Tudo o que devíamos ter dito,
> e não dissemos.
> Tudo o que devíamos ter feito,
> e não fizemos.
> Tudo o que não devíamos ter pensado,
> e, contudo, pensamos.
> Tudo o que não devíamos ter falado,
> e, contudo, falamos.
> Tudo o que não devíamos ter feito,
> e, contudo, fizemos.
> Por causa de pensamentos, palavras e ações, oramos,
> ó Deus, pedindo perdão.[2]

[2] *The Oxford book of prayers*, Oxford, Oxford University Press, 1985, p. 333.

39

O que há de bom no sofrimento

Sofrimento é um termo relacionado a amor. Talvez não pareça, mas é. Um pensamento que se deve ter em mente e que pode dar-lhe consolo é que Deus sofre conosco. Pense nisso por um instante. O salmista disse: "Quantas vezes mostraram-se rebeldes contra ele no deserto e o entristeceram na terra solitária!" (Sl 78:40).

É verdade. Deus sofre quando seu povo se rebela ou lhe desobedece. Paulo disse: "Não entristeçam o Espírito Santo de Deus, com o qual vocês foram selados para o dia da redenção. Livrem-se de toda amargura, indignação e ira, gritaria e calúnia, bem como de toda maldade" (Ef 4:30,31). Deus — o Pai, o Filho e o Espírito Santo — sofre quando nos recusamos a responder de acordo com suas diretrizes.

O sofrimento é natural. É desejável. Fomos criados com a capacidade de sofrer. O sofrimento pode ajudar-nos a perceber nossa capacidade de dar e receber amor. Às vezes, em todas as admoestações e diretrizes que ele nos dá, nós nos esquecemos que Paulo foi um homem que também sofreu. Ele disse: "Pois eu lhes escrevi com grande aflição e angústia de coração, e com muitas lágrimas, não para entristecê-los, mas para que soubessem como é profundo o meu amor por vocês" (2Co 2:4). Outra versão diz: "... não [vos escrevi] para vos entristecer, mas para que conheçais o amor transbordante que tenho para convosco" (*Bíblia de Jerusalém*).

O sofrimento é um modo de expressar amor, e a intensidade do sofrimento está diretamente relacionada à intensidade do amor. Quanto mais você ama uma pessoa, mais intenso é o sofrimento.

O sofrimento o coloca na posição de depender de Deus, de confiar nele para obter cura e restauração. É fácil acabar pensando: "Ninguém pode entender o que estou sentindo e o tamanho de minha perda". Por um lado, você está certo. É difícil para outra pessoa participar do sofrimento com você. Mas Deus sabe e está esperando que você vá até ele para receber consolo e cura. Você sabia que o salmista diz que Deus recolhe as suas lágrimas em um odre (v. Sl 56:8)? Ele não ignora as lágrimas. Ele as vê e se lembra delas. O profeta Jeremias disse:

> Porque o SENHOR não o desprezará para sempre. Embora ele traga tristeza, mostrará compaixão, tão grande é o seu amor infalível. Porque não é do seu agrado trazer aflição e tristeza aos filhos dos homens.
>
> Lamentações 3:31-33

Deus é Deus de compaixão. O sofrimento é tão profundo a ponto de você se perguntar se conseguirá sair do buraco? A resposta é sim, você conseguirá.

Em meio ao sofrimento, Deus tem algo bom para você. Ele está ao seu lado no sofrimento. Quando você descobrirá o que é? Ninguém pode lhe dizer. O que você pode lembrar é que Deus sabe e, no seu tempo, ele o fará saber.[1]

[1]Zig ZIGLAR, *Confessions of a grieving Christian*, Nashville, Thomas Nelson, 1998, p. 3-7, adaptado.

40

Dizendo adeus

Quantas vezes você já disse "adeus"? Provavelmente não consegue lembrar. Nenhum de nós consegue. Essa expressão é tão parte da vida quanto o dia virando noite e voltando a ser dia novamente.

O termo *adeus*, originariamente "a Deus" ou "Deus o acompanhe", era um reconhecimento de que ele fazia parte da jornada. Para aqueles que iniciavam uma jornada desconhecida ou até temida, isso os fazia lembrar que Deus estava com eles e lhes dava força. Acreditava-se que ele se faria presente para proteger e consolar.

Quando alguns nos deixam, ainda que não saibamos se tornaremos a vê-los, há dor. Mandar o filho para a faculdade é uma situação cheia de alegria e tristeza. Sabemos que é bom, é necessário, é uma transição, mas as despedidas naquele momento são fortes.

> Despedidas fazem parte de cada dia. Às vezes somos nós que as escolhemos e, em outras, elas nos escolhem. Normalmente são perdas pequenas e insignificantes que não

> nos causam tanta dor, mas, às vezes, são experiências profundas e fortes que causam feridas, deixam rastros no coração e conservam a dor no íntimo durante anos.
>
> O que é adeus? É um lugar vazio em nós. É qualquer situação em que há algum tipo de perda.[1]

Há momentos em que não queremos dizer adeus. Alguns são tão definitivos que evitamos a palavra. Às vezes não estamos preparados para pronunciá-la antes de se passarem semanas ou meses depois da morte de uma pessoa querida. Resistimos a fim de termos um final para a história melhor do que aquele que acabou de ser escrito. Quando forçado a dizer adeus, você resiste, esperando que o ocorrido não seja verdade. É uma tentativa de reprimir a dor; mas, ao fazê-lo, você também reprime lembranças do ente querido. Sim, é doloroso dizer adeus, mas isso lhe permite atravessar e deixar para trás a dor e seguir em direção à cura. Uma mulher disse: "Eu não sabia o quanto seria difícil dizer adeus. Contudo, foi mais difícil ainda quando me recusei a dizê-lo".[2]

Console-se no fato de que é normal não querer dizer adeus. Console-se no fato de que dizer adeus não significa que você não ama a pessoa. E console-se no fato de que o adeus é temporário, pois, um dia, você dirá olá novamente em um novo lugar.

[1]Joyce RUPP, *Praying our goodbyes*, New York, Ivy Books, 1988, p. 6-7.

[2]Raymond MITSCH e Lynn BROOKSIDE, *Grieving the loss of someone you love*, Ventura, Regal Books, 1993, p. 146-7, adaptado.

41

O turno da noite

Para a maioria, noite é um tempo de descanso em que o corpo e a mente diminuem o ritmo. À medida que a escuridão aumenta, os barulhos diminuem e o silêncio impera. Pelo menos, para a maioria das pessoas. Há aquelas que trabalham à noite. Enquanto outros dormem, essas pessoas estão bem acordadas e trabalham duro. Pode ser uma enfermeira na sala de emergência de um hospital ou um padeiro preparando os pães da manhã. Pode ser um grupo de trabalhadores tentando reparar um estrago na rua enquanto o tráfego não é tão intenso. São os policiais cruzando as ruas de uma cidade escura e os bombeiros e paramédicos correndo em direção aos caminhões quando uma chamada ocorre.

Outras pessoas não recebem chamadas nem estão de serviço, mas estão igualmente acordadas. O sono foge quando você está sentindo dor e o sofrimento é a sua companhia constante. Você tenta dormir, mas o sono não vem. Ou você consegue dormir, esperando, finalmente, sentir alívio da dor, mas ela o segue e perturba seus sonhos. Por isso você acorda tão cansado como quando estava antes de dormir.

Mesmo sem ter solicitado, você tem seu próprio turno da noite. Há outra pessoa que trabalha no turno da noite também. O seu nome é Deus. Você já pensou que Deus estava trabalhando no último turno? Enquanto você está dormindo ou pelejando para dormir, Deus está ocupado. Ele está sempre presente e cuidando de você em todos os momentos. As palavras do salmista podem lhe trazer conforto: "Ele não permitirá que você tropece; o seu protetor se manterá alerta, sim, o protetor de Israel não dormirá; ele está sempre alerta!" (Sl 121:3,4).

Há promessas e diretrizes nas palavras de Deus que interessam ao sono e ao descanso.

> Quando se deitar, não terá medo, e o seu sono será tranqüilo.
>
> Provérbios 3:24

> Eu me deito e durmo, e torno a acordar, porque é o SENHOR que me sustém. [...] Em paz me deito e logo adormeço, pois só tu, SENHOR, me fazes viver em segurança.
>
> Salmos 3:5; 4:8

O autor Ron Mehl fala sobre as atividades de Deus à noite enquanto estamos dormindo ou tentando dormir.

> "Aquele que nunca dorme" é o Deus que se coloca fora do alcance da visão e se ocupa em tarefas que fogem à nossa compreensão. Seus olhos perscrutam o que não podemos ver, e suas mãos trabalham habilmente onde só podemos tatear. Este é o Deus que estende a mão, pensa,

> planeja, molda, vigia, controla, sente e age enquanto estamos inconscientes debaixo de um lençol ou cobertor.[1]

Quando você acordar, tenha estes pensamentos: Deus estava agindo. Ele estava pensando em você. Foi isso que sustentou Davi várias vezes. "Que preciosos para mim, ó Deus, são os teus pensamentos! E como é grande a soma deles! Se os contasse, excedem os grãos de areia; contaria, contaria, sem jamais chegar ao fim" (Sl 139:17,18).

> Lembre-se de que, quando você quiser saber onde Deus está, ele está aqui, sempre.
> Deus está ciente de nossas circunstâncias e se move entre elas.
> Deus está ciente de sua dor e monitora cada segundo dela.
> Deus está ciente de seu vazio e procura preenchê-lo de um modo que vai além de seus sonhos.
> Deus está ciente de suas feridas e cicatrizes e sabe suscitar uma cura mais profunda do que você pode imaginar.
> Sim, Deus trabalha no turno da noite.
> Mesmo quando nada parece se mover na escuridão,
> Mesmo quando a situação parece sem controle,
> Mesmo quando você se sente sozinho e com medo.[2]

Se você não consegue dormir, converse com Deus. Isso ajuda.

[1]*God works the night shift*, Sisters, Multnomah Books, 1994, p. 18.
[2]Ibid., p. 20-1.

42

Expresse suas perguntas

Ao olhar os outros, ocupados com a rotina, você já se perguntou por que a vida parou para você? Todos parecem se mexer, e a sua vida inteira foi interrompida. Isso passa por sua cabeça? Provavelmente. Todos têm perguntas. Muitas vezes, por uma razão ou outra, essas perguntas não são externadas. Não que serão respondidas, mas precisam ser expressas, principalmente para Deus. A seguinte oração pode ajudá-lo a colocar em palavras aquilo que talvez esteja agitando seu íntimo. Leia-a em voz alta por vários dias. Isso pode fazer diferença.

Ó Deus,
Às vezes não consigo deixar de me perguntar
    por que isto tinha de acontecer comigo.
Temos muito tempo para pensar
    quando estamos lutando contra o sofrimento.
E, às vezes, não consigo deixar de me perguntar
    por que há tanto sofrimento e dor no mundo.

Sei que não há resposta para essas perguntas,
pelo menos, não agora.
Por isso, ajuda-me a aceitar
o que não posso entender.
E ajuda-me a ter certeza
de que este não é o único mundo
e que existe um lugar
onde os corações partidos serão restaurados,
onde as coisas perdidas serão achadas,
onde todos os problemas serão resolvidos,
onde conheceremos, mesmo que não sejamos conhecidos.
Por isso, neste mundo, ajuda-me a deixar tudo por ti,
na certeza de que nunca ficarei cansado
além daquilo que tu me permitirás suportar. Amém.[1]

Senhor, dá-me a certeza do salmista:

Mesmo quando eu andar por um vale de trevas e morte, não temerei perigo algum, pois tu estás comigo; a tua vara e o teu cajado me protegem.

Salmos 23:4

No amor celestial aguardando,
Nenhuma mudança meu coração temerá;

[1]William BARKLEY, *Prayers for help and healing*, Minneapolis, Augsburg Press, 1968, p. 43.

E segura estou nesta confiança,
Pois nada muda aqui;
A tempestade pode bramir fora de mim,
Meu coração pode estar abatido,
Mas Deus está perto de mim,
E posso eu me desanimar?[2]

[2]Anna L. WARING, *In heavenly love abiding.*

43

Reaprenda seu mundo

Qual é a história de sua vida? Você já pensou nela, sem falar em compartilhá-la com os outros? O que aconteceria se todos tivéssemos de escrever nossa história de vida? O que ela contaria? Qual seria a ameaça comum que nos uniria a todos? Penso que seria a experiência de perda. E ao experimentar a perda e passar para o sofrimento, você experimenta ruptura e incompletude. A perda interrompe sua história de vida. A vida não é como era, nem será. Esse é o momento em que você se esforça para descobrir um novo sentido e uma nova direção para a continuação da história de sua vida.

O sofrimento é um momento de reaprender o próprio mundo. Você reaprenderá a se relacionar com outros familiares e amigos que também sofreram o impacto da perda. Alguns podem se aproximar mais de você, enquanto outros se esquivam ao mesmo tempo que se esforçam, sem saber o que fazer ou dizer. Aqueles que estão no ambiente de trabalho, na igreja e nas empresas que você freqüenta também têm de aprender novas formas de reagir à sua situação. Eles se perguntam se devem mencionar o nome da pessoa que você perdeu e esperar que você volte ao "normal" em questão de três ou quatro meses. Alguns dos relacionamentos "fáceis" do passado são desafiados agora.

Você também precisa reaprender quem você é a partir da perda que experimentou. Se você perdeu uma pessoa importante, é possível que o modo como costumava se referir a si mesmo não seja o mesmo.

Talvez você esteja reaprendendo a viver, uma vez que a vida se relaciona com tempo e espaço. Alguns passam mais tempo no passado, com lembranças e fotos, do que no presente e, principalmente, no futuro. Pode ser a culpa do passado que impeça pensamentos acerca do futuro. Datas e feriados importantes causarão um impacto nunca experimentado antes. Talvez você esteja lutando com sentimentos de fuga e dor neste momento. Certos lugares em sua casa e na comunidade que costumavam ser saudáveis e seguros agora são dolorosos demais, e por isso você os evita.

E você estará reaprendendo a se relacionar com Deus. Isso pode ir de perguntas e sentimentos profundos de abandono a uma fé renovada e busca de um significado para tudo o que aconteceu. Sim, o sofrimento pode balançá-lo espiritualmente, mas você pode experimentar perda e todos esses ajustes como uma "trágica oportunidade". A perda, por fim, irá permitir-lhe se tornar uma pessoa que nunca foi antes e afetar a vida de outras pessoas de um modo que jamais teria sido possível. Não se preocupe se não puder ver essa possibilidade neste momento. Não há problema algum.

Console-se. Caso esteja passando pelo que foi descrito, você é uma pessoa normal. A perda é algo confuso e inquietante, e nossa vida fica de pernas para o ar. Mas você sobreviverá. Você crescerá. Você será usado para tocar outras pessoas.

> Bendito seja o Deus e Pai de nosso Senhor Jesus Cristo, o Pai de misericórdias [piedade e compaixão] e Deus [que é a Fonte] de toda consolação [consolo e encorajamento]! É ele que nos conforta [consola e encoraja] em toda a nossa tribulação [adversidade e aflição], para podermos consolar [confortar e encorajar] os que estiverem em qualquer angústia, com a consolação [consolo e encorajamento] com que nós mesmos somos contemplados [consolados e encorajados] por Deus. Porque, assim como os [próprios] sofrimentos de Cristo se manifestam em grande medida a nosso favor [como superabundam em seus discípulos, e nós os compartilhamos e experimentamos], assim também a nossa consolação [consolo e encorajamento] transborda [é compartilhada e experimentada] por meio de Cristo.
>
> 2Coríntios 1:3-5; ARA

44

Busquem em primeiro lugar...

> Busquem, pois, em primeiro lugar o Reino de Deus e a sua justiça, e todas essas coisas lhes serão acrescentadas.
>
> Mateus 6:33

Talvez esse versículo pareça estranho para se pensar quando a preocupação que predomina na mente de uma pessoa que sofre é o alívio. Mas o sofrimento pode ser um tanto desgastante. Não é fácil esquecer não só o que nos foi ensinado mas até quem nos ensinou? Nossas prioridades podem se inverter quando estamos preocupados. Talvez, em meio a tudo o que está acontecendo, seja útil relembrar alguns princípios básicos.

Jesus disse duas coisas em Mateus 6:33 — que a vida cristã representa buscar seu reino e buscar sua justiça. Sim, mesmo em meio às nossas preocupações, Jesus está falando sobre prioridades. Às vezes, em nosso sofrimento, ficamos alucinados na busca por nos recuperarmos da dor e superá-la. Na verdade, é fácil se deixar dominar pela preocupação.

Em Mateus 6:25-28, Jesus fala sobre as coisas simples da vida, como os pássaros, as flores, a vida, a comida e o corpo. No versículo 34, ele simplesmente diz: "... não se preocupem com o amanhã". Em outras palavras, não se esqueça das prioridades. Concentre-se em Jesus e no seu reino em vez de se preocupar. Em meio à aflição, pergunte: "Como ainda posso buscar o reino de Jesus e a sua justiça?". Talvez simplesmente tendo fé nos princípios básicos. Jesus disse: "Ame o Senhor, o seu Deus de todo o seu coração, de toda a sua alma e de todo o seu entendimento [...] [e] ame o seu próximo como a si mesmo" (Mt 22:37,39). O que aconteceria se você se lembrasse disso várias vezes por dia?

Alguns amigos sugeriram o seguinte:

> Jesus está falando que, de certo modo, viver a vida cristã é muito simples. Simplesmente descanse na graça de Deus. Seja como os pássaros do céu ou as flores do campo. Voe livremente. Floresça na encosta de sua vida. Tenha fé que, independentemente do que aconteça em sua vida, você é um filho do rei. Ao buscar o "reino" do rei e o seu estilo de vida, você descobrirá que todas as demais necessidades serão supridas. Ele operará por meio de — e com — você para usar seus dons e habilidades, bem como suas circunstâncias, a fim de suprir cada uma de suas necessidades. "Confie em mim", diz Cristo, "eu *realmente* cuidarei de você".
>
> Querido Senhor, tenho de admitir que confiar somente em ti é um tremendo desafio. Lá no fundo do meu coração, creio plenamente que tu cuidarás de mim, a despeito de minha situação. Mas também sei que minha atenção pode desviar-se facilmente dessa confiança. Às vezes, eu me sinto como o homem a quem Jesus conheceu e que confessou: "Eu creio! Ajuda-me na minha falta de fé!" (Mc 9:24; ARA).

Fortalece a minha capacidade de confiar em ti, pois somente tu sabes o que está reservado para meu futuro, e somente tu podes, no final, ajudar-me a passar por minha vida na terra e chegar ao lar eterno que me prometeste. Amém.[1]

[1]Susan ZONNEBELT-SMEENGE e Robert C. DEVRIES, *Living fully in the shadow of death*, Grand Rapids, Baker Books, 2004, p. 62.

45

O sofrimento e as promessas divinas

Tempestades nunca são agradáveis — é de sua natureza conturbar, destruir, confundir e criar o caos. Parte de nossa capacidade de suportar as tempestades inevitáveis está em nossa visão de mundo. Com o apóstolo Paulo, aprendemos muito sobre o sofrimento; descobrimos com ele uma nova visão.

Sofrimento não é algo impossível de suportar. A gravidade dos perigos com os quais Paulo se deparou é inacreditável (v. 2Co 11:24-28); contudo, até ao expressar as pressões que sentia, ele constantemente dizia que não eram insuportáveis: "Em tudo somos atribulados, porém não angustiados; perplexos, porém não desanimados; perseguidos, porém não desamparados; abatidos, porém não destruídos" (2Co 4:8,9; ARA).

Ao afirmar que as tempestades não são coisas impossíveis de suportar, não estou, de maneira alguma, subestimando a gravidade da tempestade ou da destruição que ela causa. Precisamos apenas lembrar-nos de que temos promessas de Deus de que ele não nos dará algo além daquilo que podemos suportar e que ele sempre dará uma saída para que possamos ficar acima da situação.

O sofrimento é passageiro. Paulo pôde ver o sofrimento como algo passageiro porque o viu como parte de um quadro maior. Ele sabia que a parte importante estava na esfera do invisível, e é nisto que, segundo ele, devemos fixar os olhos.

> Por isso não desanimamos. Embora exteriormente estejamos a desgastar-nos, interiormente estamos sendo renovados dia após dia, pois os nossos sofrimentos leves e momentâneos estão produzindo para nós uma glória eterna que pesa mais do que todos eles. Assim, fixamos os olhos, não naquilo que se vê, mas no que não se vê, pois o que se vê é transitório, mas o que não se vê é eterno.
>
> 2Coríntios 4:16-18

O sofrimento põe em evidência nossa recompensa futura. Abraão pôde suportar a dificuldade porque "ele esperava a cidade que tem alicerces, cujo arquiteto e edificador é Deus" (Hb 11:10). Moisés pôde suportar os maus-tratos porque contemplava seu galardão com os olhos da fé.

Pela fé, Moisés considerou a desonra de Cristo por maiores riquezas do que os tesouros do Egito, porque contemplava a recompensa (Hb 11:24-26).

O sofrimento deve ser visto pelos olhos da confiança. Confiar em Deus quando não podemos ver sua mão ou ouvir sua voz é algo que requer toda a fé que possamos reunir. Você talvez se identifique com a dor e frustração nas seguintes palavras de Davi (observe os pensamentos a que Davi chegou):

> Até quando, SENHOR? Para sempre te esquecerás de mim? Até quando esconderás de mim o teu rosto? Até quando

> terei inquietações e tristeza no coração dia após dia? Até quando o meu inimigo triunfará sobre mim? Olha para mim e responde, SENHOR, meu Deus. Ilumina os meus olhos, ou do contrário dormirei o sono da morte; os meus inimigos dirão: "Eu o venci", e os meus adversários festejarão o meu fracasso. Eu, porém, confio em teu amor; o meu coração exulta em tua salvação. Quero cantar ao SENHOR pelo bem que me tem feito.
>
> Salmos 13:1-6

Em tudo pelo que passou, Davi continuou a confiar em Deus e a proclamar a bondade do Senhor. Ele olhou além do presente e confiou que Deus cumpriria suas promessas.[1]

[1]Jerry JONES, *Beyond the storm*, West Monroe, Howard Publishing Co., 1997, p. 223-5, adaptado.

46

Ímpar no seu sofrimento

Não estou sofrendo como os outros. O que há de errado comigo? Provavelmente nada. A maioria das pessoas se espanta com isso porque o sofrimento pode ser algo um tanto novo. Você é uma pessoa única, e essa singularidade transparece. O tipo ou a qualidade do relacionamento que havia entre você e a pessoa que você perdeu também afetará seu modo de sofrer. O grau de proximidade ou de envolvimento com essa pessoa irá afetá-lo. Quanto mais próxima era a pessoa, mais intenso será o sofrimento e maior será sua necessidade de reestruturar a vida. Talvez você esteja observando outras pessoas, cujos relacionamentos com aquele que se foi não eram tão próximos, e se pergunte por que o sofrimento delas é diferente do seu. O sofrimento dos outros pode não ser tão intenso ou durar tanto. É fácil começar questionando as próprias respostas. Não se compare a ninguém.

Outros fatores impactarão sua resposta. Se esta for a primeira grande perda de sua vida, tudo é muito novo. Isso em si mesmo criará mais perguntas e incerteza. Se você já experimentou grandes perdas, o modo como lidou com elas terá o seu papel. Se você sobreviveu bem às perdas e aprendeu com elas de modo positivo, você tem a que recorrer. Do contrário, esta presente situação pode criar uma sensação de medo e ansiedade. Cada perda tem a capacidade de torná-lo uma pessoa mais forte — ou ter justamente o efeito contrário. Se seu estilo de vida é confrontar desafios e problemas, você provavelmente fará isso com esta perda. Se seu estilo é evitá-los, isso provavelmente virá à tona como sua resposta.

Sua personalidade também desempenhará um papel. Se você tem a tendência de pensar mais e reagir à vida analisando, olhando para os fatos e tomando decisões por conta própria, por que deveria ser diferente no sofrimento? Ou você pode reagir à vida com base nos sentimentos e tomar decisões de acordo com o coração, e não com a cabeça. Isso provocaria uma resposta diferente ao sofrimento.

Você também pode ser do tipo extremamente detalhista quando conversa e dá respostas longas para um simples "Como você está?". Ou pode ser exatamente o contrário. Talvez você seja de poucas palavras e ponderado no que diz. Somos completamente diferentes, e essas diferenças são expostas claramente quando estamos sofrendo.

Permita-se ser único no sofrimento e ao expressar o que está experimentando. Deus não julga o modo e o comportamento que temos quando sofremos. Por que deveríamos fazer isso?

47

As escolhas diante da perda

Há o outro lado da perda. É preciso tempo para descobri-lo. Pode levar semanas, meses ou até anos, mas ele aparece. O que é dito aqui pode ser encorajador, ou inacreditável, ou inoportuno, ou irritante. Depende do nível em que você se encontra em seu sofrimento. Veja as palavras de um homem que perdeu a mãe, a mulher e uma filha em um acidente de carro. Ele passou por isso.

> Não é verdade, portanto, que nos tornamos inferiores quando passamos pela perda — a menos que deixemos que a perda nos faça inferiores, moendo a alma até não restar outra coisa que não um eu externo inteiramente sujeito ao controle das circunstâncias. A perda também pode nos tornar superiores. Na escuridão, ainda podemos encontrar a luz. Na morte, também podemos descobrir a vida. Depende das escolhas que fazemos. Embora essas escolhas sejam difíceis e raramente feitas às pressas ou com facilidade, podemos, não obstante, fazê-las. Só quando optarmos por prestar atenção em nossa alma é que aprenderemos que

há muitas outras coisas na vida além do mundo exterior, por mais maravilhoso ou terrível que seja este mundo. Descobriremos o mundo que existe lá dentro. Contudo, esta atenção para com a alma não tem de gerar a auto-absorção. Pelo contrário, ela, por fim, faz-nos voltar para o mundo novamente e nos faz mais compassivos do que poderíamos ser de outra forma.

A perda oferece-nos uma oportunidade de fazer um inventário de nossa vida, reconsiderar prioridades e definir novas direções. "Poucas pessoas", alguém certa vez me disse, "gostariam, aos 70 anos, de ter trabalhado mais horas no escritório quando tinham 40 anos. Pelo contrário, elas gostariam de ter dado, na época, mais tempo à família, amigos e causas dignas. Gostariam de ter tido coragem de dizer 'não' à pressão, à competição, à imagem e ao próprio egoísmo." Como disse Jesus: "Que aproveitará o homem se ganhar o mundo inteiro e perder a sua alma?". A perda convida-nos a fazer as perguntas básicas sobre nós mesmos: "Em que creio?", "Há vida após a morte?", "Existe um Deus?", "Que tipo de pessoa sou?", "Eu realmente me importo com as outras pessoas?", "De que forma usei os meus recursos — meu tempo, dinheiro e talento?", "Em que direção sigo com a minha vida?".

O sofrimento profundo também é bom para a alma por outra razão. Ele pode deixar-nos mais sensíveis ao momento presente. Esta noção talvez pareça contradizer o que mencionei anteriormente. Mas talvez o presente seja outra coisa que não o nada que às vezes parece ser. Talvez o presente tenha o segredo da vida renovada que desejamos, como se,

> ao olharmos para debaixo da superfície deste vasto mar do nada, pudéssemos encontrar um mundo cheio de vida.[1]

Leia estas palavras novamente. Com o tempo, elas lhe darão uma fagulha de esperança.

[1]Gerald L. SITTSER, *A grace disguised*, Grand Rapids, Zondervan, 1995, p. 40,65, usado com permissão.

48

Compartilhe seu coração

Senhor, não me castigues na tua ira nem me disciplines no teu furor. Misericórdia, Senhor, pois vou desfalecendo! Cura-me, Senhor, pois os meus ossos tremem: todo o meu ser estremece. Até quando, Senhor, até quando?

Volta-te, Senhor, e livra-me; salva-me por causa do teu amor leal. Quem morreu não se lembra de ti. Entre os mortos, quem te louvará? Estou exausto de tanto gemer. De tanto chorar inundo de noite a minha cama; de lágrimas encharco o meu leito. Os meus olhos se consomem de tristeza; fraquejam por causa de todos os meus adversários.

Afastem-se de mim todos vocês que praticam o mal, porque o Senhor ouviu o meu choro. O Senhor ouviu a minha súplica; o Senhor aceitou a minha oração.

Salmos 6:1-9

Uma coisa que amo na Bíblia é sua patente honestidade. Ela nunca deixa de dizer a verdade, ainda que seja desagradável ou extremamente feia. E por causa de sua firme honestidade, ela tem o poder de colocar-nos no caminho da cura. Como o próprio Jesus disse: "E conhecerão a verdade, e a verdade os libertará" (Jo 8:32).

Uma das verdades que a Bíblia nos diz é que somos tão frágeis emocionalmente como o somos fisicamente. Alguns de nós não gostamos de ouvir isso. É provavelmente mais fácil para a maioria das pessoas aceitar a fragilidade física do que admitir a fragilidade emocional.

Em meio ao grande sofrimento físico, é importante não ignorar o lado emocional do sofrimento. O conselho que diz "Engula isso" não funciona. O estado mental afeta consideravelmente o estado físico. Medos, aflição e raiva precisam ser expressos para que haja cura física. Quando reprimidas, essas emoções nos destroem. De qualquer maneira, Deus sabe o que sentimos, então por que tentar escondê-lo?

O rei Davi, sobretudo, abriu seu coração para Deus. Ele não teve medo algum de revelar todas as emoções. Diga o nome de uma emoção, e você provavelmente irá encontrá-la em um dos salmos de Davi.

> *Medo?* "... eu, quando estiver com medo, confiarei em ti" (Sl 56:3).
>
> *Fraqueza?* "Misericórdia, SENHOR, pois vou desfalecendo!" (Sl 6:2).
>
> *Angústia?* "[Todo] o meu ser estremece" (Sl 6:3).
>
> *Impaciência?* "Até quando, SENHOR, até quando?" (Sl 6:3).
>
> *Tristeza?* "De tanto chorar inundo de noite a minha cama; de lágrimas encharco o meu leito" (Sl 6:6).
>
> *Mágoa?* "Os meus olhos se consomem de tristeza" (Sl 6:7).

Observe que todos esses exemplos (exceto o primeiro) são de um único salmo! Davi não teve vergonha de abrir o coração para Deus com toda a sua intensidade emocional e até furor. Observe outra coisa também: Deus achou por bem colocar esses salmos emotivos nas Sagradas Escrituras. Por quê? Por que ele não pôde encontrar algo mais correto doutrinariamente e foi obrigado a incluir alguma coisa? Dificilmente. Deus quer que sejamos sinceros com ele, e os salmos estão entre os registros humanos mais transparentes que existem. Eles provam que é possível ser temente a Deus e honesto.

Não estamos sendo honestos quando estamos agitados por dentro e, contudo, buscamos a Deus em oração usando nosso melhor vocabulário bíblico, tentando parecer tranqüilos, serenos, totalmente retos e santos. Isso é uma farsa. A quem estamos tentando enganar, procurando parecer tão retos diante de um Deus santo e onisciente? Ele sabe exatamente o que está acontecendo no nosso íntimo, mesmo que não o confessemos. Nestes momentos, precisamos seguir o exemplo de Davi e contar para Deus como nos sentimos, ainda que nos arrisquemos a dizer as coisas erradas. Deus convida-nos a compartilhar o coração com ele, confessar os pecados, os temores, as inseguranças e as preocupações, e depois pedir a ele que transforme o nosso coração.[1]

[1]Dave e Jan DRAVECKY, *Do not lose heart*, Grand Rapids, Zondervan, 1998, p. 45-6, adaptado.

49

As lágrimas trazem uma mensagem

Ouvimos falar de sobreviventes o tempo todo. Eles estão na primeira página dos jornais ou aparecem em artigos da revista *Seleções*. Queremos saber como eles conseguiram isso. Também queremos saber como as pessoas sobrevivem às perdas e crises da vida. Uma característica comum entre elas é revelar os sentimentos — incluindo os sentimentos de *dor* e *raiva*. Elas não reprimem os sentimentos de dor, nem se queixam ou impõem tal desconforto a outros. Elas falam, compartilham e choram. Oh, como choram! As lágrimas são dádivas de Deus, principalmente em momentos como esses.

Quando faltam as palavras, as lágrimas expressam uma mensagem. As lágrimas são dádivas de Deus para que todos nós expressemos nossos sentimentos. Ao chegar em Betânia, após a morte de Lázaro, Jesus chorou (v. Jo 11:35). E nós também choraremos. O autor Ken Gire descreve o valor das lágrimas:

> A comunhão mais íntima com Deus acontece, em minha opinião, pelo sacramento das lágrimas. Assim como as uvas

são pisadas para fazer o vinho, e o grão triturado para fazer o pão, os elementos desse sacramento brotam das experiências de vida que nos espremem.

E às vezes o processo de espremedura começa cedo.

Um dia, seu cão não vem para casa e você sai chamando por ele. Passa mais um dia, e você sai à procura dele. No terceiro dia, ao procurá-lo, você vê o corpo duro dele no meio-fio de uma rua bem movimentada. Você o enrola em um pano, tira-o dali, cava um buraco no quintal e o enterra usando uma pedra como lápide e as lágrimas como um tributo.

Ou alguém na escola morre por causa de uma hemorragia cerebral, ou morrem várias pessoas em um súbito acidente de carro.

Ou você, na metade de sua vida, ainda muito jovem, descobre com o ortopedista que não poderá mais praticar o esporte de que você mais gosta; talvez isso não seja motivo para derramar lágrimas, mas é o que acontece.

Ou um dos seus avós morre. Um avô ou avó que o amava e o importunava e o abraçava e "trazia uma coisinha para você" toda vez que vinha fazer uma visita. E agora há um buraco cavado há pouco no quintal do seu coração.

Ou um de seus pais morre, e agora todo o quintal se transformou em um grande buraco.

Ou o casamento que você achava que seria o último a acabar, e, além da dor que você sente, você percebe o cimento da vida se soltando um pouco e o sentimento inquietante de que, se isso pôde acontecer com o casal,

> poderia acontecer com qualquer pessoa, até mesmo com você.[1]
>
> Descobri que, se você acompanhar as lágrimas, encontrará o coração. Se você encontrar o coração, encontrará o que é precioso para Deus. E se encontrar o que é precioso para Deus, encontrará as respostas de como deveria levar a vida.[2]

Quando as lágrimas aparecem, em vez de nos sentirmos mal por derramá-las ou nos desculparmos por elas, podemos apreciar o seu valor. Elas são dádivas de Deus.

[1]*Windows of the soul*, Grand Rapids, Zondervan, 1996, p. 193-4. [Publicado em português sob o título *Janelas da alma* (São Paulo: Vida, 2003).]

[2]Ibid., p. 195.

50

Uma fonte constante de consolo

O consolo vem de lugares que você espera, bem como daqueles que menos espera. Pode ser as palavras de um amigo ou até a presença silenciosa dele. Pode ser um olhar, um polegar levantado ou um abraço. Pode ser seu gato saltando no seu colo ou seu cachorro colocando o queixo em sua perna.

Há algo, no entanto, que é uma constante fonte de consolo: as palavras de Deus. Há um modo de as palavras permanecerem em você e trazerem o consolo que está procurando. Leia as palavras das Escrituras em voz alta. Por exemplo, Salmos 46:1-6:

> Deus é o nosso refúgio e a nossa fortaleza [poderoso *e* incapaz de ceder à tentação], auxílio sempre presente na adversidade. Por isso não temeremos, ainda que a terra trema e os montes afundem no coração do mar [...] [Pare e pense nisso com calma!] Há um rio cujos canais alegram a cidade de Deus, o Santo Lugar onde habita o Altíssimo. Deus nela está! Não será abalada! Deus vem em seu auxílio desde o romper da manhã. Nações se agitam, reinos se abalam; ele ergue a voz, e a terra se derrete.

Caso você perca um ente querido cristão, colocar o nome dessa pessoa em sua leitura será uma ajuda. Por exemplo: "Há um rio, cujas correntes alegram a cidade de Deus, incluindo [o nome da pessoa que você perdeu] que vive lá, o santuário da morada do Altíssimo".

Se você ler esta passagem várias vezes por dia, em pouco tempo ela estará memorizada. Há muitas passagens que você pode ler que lhe dão esperança e encorajamento a respeito de onde está o seu ente querido, além de lhe darem esperança para a jornada de sofrimento.

Leia estas passagens de manhã e à noite, e deixe que as verdades penetrem sua vida.

> Só ele cura os de coração quebrantado e cuida das suas feridas.
>
> Salmos 147:3

> Este pobre homem clamou, e o SENHOR o ouviu; e o libertou de todas as suas tribulações.
>
> Salmos 34:6

> Pois tu me livraste da morte, e livraste os meus olhos das lágrimas e os meus pés, de tropeçar, para que eu pudesse andar diante do SENHOR na terra dos viventes.
>
> Salmos 116:8,9

> Então as moças dançarão de alegria, como também os jovens e os velhos. Transformarei o lamento deles em júbilo; eu lhes darei consolo e alegria em vez de tristeza.
>
> Jeremias 31:13

> Vocês se entristecerão, mas a tristeza de vocês se transformará em alegria.
>
> João 16:20

Que versículos lhe dão consolo? Leia os salmos. Leia-os em voz alta. Ao orar — seja qual for sua oração —, ore em voz alta. As suas orações são importantes para você e para Deus. "Eu amo o SENHOR, porque ele me ouviu quando lhe fiz a minha súplica. Ele inclinou os seus ouvidos para mim; eu o invocarei toda a minha vida" (Sl 116:1,2).

51

Não há problema algum em perguntar por quê

Houve um homem no Antigo Testamento que teve uma vida difícil, não só por alguns meses ou anos, mas por décadas. O que ele tinha a dizer para as pessoas com as quais convivia não era muito agradável nem era aceito. Elas não queriam ouvir os apelos dele para que se voltassem para Deus. Ele lhes suplicou por quase quarenta anos, e então elas foram levadas cativas. Mesmo quando quis desistir, manteve-se firme. Ele escreveu:

> Sou ridicularizado o dia inteiro [...] Mas, se eu digo: "Não o mencionarei [isto é, a Deus] nem mais falarei em seu nome", é como se um fogo ardesse em meu coração, um fogo dentro de mim. Estou exausto tentando contê-lo; já não posso mais!
>
> Jeremias 20:7,9

Jeremias foi honesto. Deixou que Deus soubesse que ele estava preocupado e triste. Ele não pediu para ser profeta. Não queria, e agora estava sofrendo por causa disso. Ele achou que Deus não era sincero com ele. E disse:

> SENHOR, tu me enganaste [...] Sou ridicularizado o dia inteiro; todos zombam de mim. Sempre que falo é para gritar que há violência e destruição. Por isso a palavra do SENHOR trouxe-me insulto e censura o tempo todo.
>
> Jeremias 20:7,8

Jeremias estava tão preocupado que amaldiçoou o dia em que nasceu, perguntando:

> Por que saí do ventre materno? Só para ver dificuldades e tristezas, e terminar os meus dias na maior decepção?
>
> Jeremias 20:18

Veja o que Ruth Graham disse sobre a vida:

> Quando a vida se torna um fardo, e tudo fica impossível de suportar, muitas vezes a única pergunta que temos para fazer é: "Por quê?". Já ouvi pessoas dizerem: "Você não pode perguntar 'por que' para Deus". Sim, podemos. Podemos perguntar por que para Deus. Estamos em boa companhia quando perguntamos. Jeremias perguntou por que para Deus. Muitos heróis da fé perguntaram por que para Deus.

Perguntar por que não significa que perdemos a fé. Uma vez que vim a entender, perguntar por que pode ser, em vez disso, um sinal de fé. Quando perguntamos por que, estamos declarando o nosso desejo de dialogar com Deus, em quem depositamos uma medida de confiança. Esperamos que ele esteja ouvindo e cremos que ele é a fonte das respostas.

Mas será que não ofenderemos Deus se perguntarmos por quê? Não o deixaremos irado? As nossas emoções não são ameaças para Deus. Ele não se abala com o nosso "por quê?". Ele não abateu Jeremias por expressar frustração e desespero. Deus trabalha com honestidade. Ele atrai honestidade. Não podemos lançar-lhe nada que ele já não tenha ouvido antes. Ele é maior do que nossos sentimentos, pensamentos e nossas percepções. Ao mesmo tempo, uma vez que nos expressamos para Deus, devemos manter o coração manso e aberto para ele. Por causa de toda a sua aflição, Jeremias continuou disposto a obedecer a Deus, independentemente do preço a ser pago. Ele exagerou, argumentou e brigou com o Pai, mas o coração estava submisso a ele. Jeremias confiou em Deus mesmo enquanto o estava questionando.

Por último, Jeremias não se deixou dominar pela amargura. Na verdade, em meio ao sofrimento, ele pôde escrever alguns dos versículos mais lindos acerca de Deus em toda a Bíblia. Ele escreveu:

> Graças ao grande amor do SENHOR é que não somos consumidos, pois as suas misericórdias são inesgotáveis. Renovam-se cada manhã; grande é a sua fidelidade! Digo a mim mesmo: A minha porção é o SENHOR; portanto, nele porei a minha esperança.
>
> Lamentações 3:22-24

Lembre-se do contexto em que Jeremias vivia e depois o imagine dizendo essas palavras em oração. Ele descobriu a fidelidade de Deus enquanto estava no fundo do poço? Ele conheceu a misericórdia de Deus enquanto estava com o jugo em volta do pescoço? Ele estava olhando para as ruínas da cidade, agora totalmente destruída pelo fogo, quando reconheceu — e pôde declarar — a bondade de Deus? Independentemente de nosso conjunto de emoções, independentemente de como vemos as circunstâncias se desdobrando à nossa volta, que nós, como Jeremias, mantenhamos o coração aberto para a fidelidade de Deus.[1]

[1]*In every pew sits a broken heart*, Grand Rapids, Zondervan, 2004, p. 39-40, adaptado.

52

Mantendo o foco na tempestade

Para o que você está olhando neste exato momento? Você já pensou em que passaria seu tempo se concentrando nos momentos de dificuldade? Se você for como a maioria de nós, talvez tenha um radar que capta a perda ou o problema com o qual está se debatendo. Pode ser que você tenha a esperança de que, concentrando-se nele o suficiente, ele desaparecerá. Mas não é o que vai acontecer. Ele surgirá maior em sua mente. Aumentará de tamanho e de intensidade. O alívio e consolo que você está procurando ficam mais elusivos. As Escrituras contam uma história que ilustra a questão:

> Logo em seguida, Jesus insistiu com os discípulos para que entrassem no barco e fossem adiante dele para o outro lado, enquanto ele despedia a multidão. Tendo despedido a multidão, subiu sozinho a um monte para orar. Ao anoitecer, ele estava ali sozinho, mas o barco já estava a considerável distância da terra, fustigado pelas ondas, porque o vento soprava contra ele.

> Alta madrugada, Jesus dirigiu-se a eles, andando sobre o mar. Quando o viram andando sobre o mar, ficaram aterrorizados e disseram: "É um fantasma!" E gritaram de medo.
>
> Mas Jesus imediatamente lhes disse: "Coragem! Sou eu. Não tenham medo!".
>
> "Senhor", disse Pedro, "se és tu, manda-me ir ao teu encontro por sobre as águas".
>
> "Venha", respondeu ele.
>
> Então Pedro saiu do barco, andou sobre as águas e foi na direção de Jesus. Mas, quando reparou no vento, ficou com medo e, começando a afundar, gritou: "Senhor, salva-me!"
>
> Mateus 14:22-30

Pedro criou um problema porque desviou os olhos de Jesus fixando-os nas ondas. E o resultado foi óbvio — ele começou a afundar. Quando olhamos apenas para o problema, não podemos ver a solução. Quando olhamos apenas para a nossa perda e dor, temos dificuldade para ver a esperança no futuro. Passamos por cima do consolo que estava ali, pronto para atender ao pedido. Começamos a pensar que ele não estava à nossa disposição.

Veja as palavras de conforto do dr. Charles Stanley:

> O Deus de toda a consolação pode tocar com amor toda angústia, desespero, escuridão, dor, mal e desesperança. As tribulações são sérias. O caminho é difícil. As condições são tristes. A visão está turva. Mas o Deus de toda a consolação — o Deus que sofreu indescritivelmente nas mãos de pessoas — irá socorrê-lo, encorajá-lo, fortalecê-lo e guiá-lo.

Porque Cristo experimentou o escárnio e a rejeição das pessoas, e agora permanece como o Grande Sumo Sacerdote, o trono da graça acena para todo cristão.

No calor da luta — a Luz da Vida está com você.

Em meio à tempestade — o Príncipe da Paz é seu fiel guia.

No fundo do poço — a Pedra Angular é a sua rocha.

Se você está ferido, deixe que o amor restaurador de Jesus Cristo o sustente. Ele deseja confortá-lo e encorajá-lo com sua presença, suas promessas, seu povo e seu poder. O Deus de toda a consolação não o deixará à beira do caminho nem o deixará afundar na lama. Ele virá imediatamente ao seu socorro quando você invocar o nome dele.

Um dia ele o usará para transmitir pessoalmente o consolo ao coração aflito de outra pessoa — transformando sua tribulação em bálsamo de cura dele.

Senhor, obrigado porque, no calor da luta, a sua Luz está comigo. Obrigado porque, em meio à tempestade, o Príncipe da Paz é o meu guia; no fundo do poço, ó Deus, a Pedra Angular é a minha rocha.[1]

[1]*Enter his gates*, Nashville, Thomas Nelson, 1998, p. 77.

53

O que você escreverá?

Eles ficam passando por sua mente — imagens, palavras, sentimentos e pensamentos. Se pudesse encontrar um botão para desligá-los, você o apertaria. Os sentimentos que experimentamos no sofrimento rodam repetidas vezes como um disco riscado. Eles procuram alguma forma de expressão, e você provavelmente está procurando alguém em quem possa descarregá-los para que sua mente e seu coração possam descansar.

Na dor, no sofrimento ou na aflição, algo que muitas vezes ajuda é escrever nossos sentimentos e não apenas tê-los. Colocar as palavras no papel parece libertar os sentimentos da prisão solitária da alma. Foi C. S. Lewis quem escreveu:

> Sua ausência é como o céu estendido sobre tudo... Ninguém nunca me disse que o sofrimento era tão parecido com o medo. Não estou com medo, mas a sensação é de como se estivesse. O mesmo frio na barriga, a mesma inquietação, o aborrecimento. Continuo a acreditar.

Foi William Armstrong quem escreveu:

De volta à casa, eu passava de uma tarefa a outra com pés de chumbo.

Ada Campbell Rose escreveu:

> O manto do sofrimento lança-se sobre cada hora do dia e me cobre enquanto durmo. Ele partirá algum dia?

O rei Davi escreveu:

> Mesmo quando eu andar por um vale de trevas e morte, não temerei perigo algum, pois tu estás comigo; a tua vara e o teu cajado me protegem.
>
> Salmos 23:4

O apóstolo Paulo escreveu:

> Para impedir que eu me exaltasse por causa da grandeza dessas revelações, foi-me dado um espinho na carne, um mensageiro de Satanás, para me atormentar. Três vezes roguei ao Senhor que o tirasse de mim. Mas ele me disse: "Minha graça é suficiente para você, pois o meu poder se aperfeiçoa na fraqueza". Portanto, eu me gloriarei ainda mais alegremente em minhas fraquezas, para que o poder de Cristo repouse em mim. Por isso, por amor de Cristo, regozijo-me nas fraquezas, nos insultos, nas necessidades, nas perseguições, nas angústias. Pois, quando sou fraco é que sou forte.
>
> 2Coríntios 12:7-10

George Matheson escreveu:

> Meu Deus, nunca agradeci a ti por meus espinhos. Agradeci a ti milhares de vezes pelas minhas *rosas*, mas nem uma vez por meus *espinhos*. Venho esperando ansioso por um mundo onde serei compensado por minha cruz: mas nunca pensei em minha cruz como uma glória presente. Ensina-me a glória de minha cruz: ensina-me o valor de meu espinho. Mostra-me que te alcancei pelo caminho da dor. Mostra-me que as minhas lágrimas formaram o meu arco-íris.

Ao sentir os espinhos pungentes da dor, hoje, o que *você* escreve? *Nada*? A cura está de braços cruzados, esperando para ler as suas palavras.[1]

[1]Charles SWINDOLL, *Come before winter*, Portland, Multnomah, 1985, p. 313-4.

54

Orações por ajuda

Há anos, parte do que faço é ler orações escritas por outras pessoas. Um dos meus autores favoritos tem sido William Barclay. As duas orações seguintes talvez reflitam parte do que você esteja experimentando. Leia ambas em voz alta, depois volte ao começo e considere o que as várias frases estão dizendo:

> Ó Deus, nosso Pai, somente tu podes capacitar-nos para
> que aceitemos os teus mandamentos e lhes obedeçamos e façamos a tua vontade.
>
> Aumenta a nossa fé.
>
> Ajuda-nos
>
> a confiar em ti quando os céus estiverem escuros;
>
> a aceitar aquilo que não podemos entender;
>
> a ter plena certeza de que todas as coisas podem cooperar para o bem daqueles que te amam.
>
> Aumenta nossa esperança.
>
> Dá-nos
>
> a esperança que viu coisas nos piores momentos
> e que se recusa a desesperar;

a esperança que é capaz de fracassar,
e, não obstante, tenta novamente;
a esperança que pode aceitar a frustração,
e, contudo, não abandona a esperança.
Aumenta nosso amor.
Ajuda-nos,
a amar os nossos irmãos e irmãs, como tu os amaste;
a amar-te como tu nos amaste primeiro;
a amar a lealdade para com o nosso Senhor acima de todas as coisas.
Ajuda-nos a amar-te de tal modo que os teus mandamentos nunca sejam um enfado e um fardo para nós, mas que nos dêem alegria por obedecer-lhes, para que, em obediência a ti, possamos encontrar a nossa perfeita liberdade e, em fazendo a tua vontade, a nossa paz.
Por isso, permite-nos
combater o bom combate;
correr a corrida segura;
guardar a fé,
para que possamos ganhar a glória e a coroa.
Ouve estas nossas orações pelo teu amor. Amém.[1]

Ó Deus, tu és o nosso refúgio.
Quando estamos cansados por causa dos esforços da vida;
Quando estamos confusos por causa dos problemas da vida;
Quando estamos dilacerados pelas aflições da vida;
Buscamos refúgio em ti.
Ó Deus, tu és a nossa força.

[1] A *Barclay prayer book*, Filadélfia, Trinity, 1963, p. 116-7.

Quando as nossas incumbências vão além de nossas
forças;
Quando as nossas tentações são fortes demais para nós;
Quando o dever exige mais do que precisamos dar;
Buscamos força em ti.
Ó Deus, é de ti que vem toda a bondade.
É de ti que vêm os nossos ideais;
É de ti que vêm a nós
o incentivo do mais sublime desejo e a contenção
da consciência.
É de ti que vem a força
para resistirmos a alguma tentação,
e para fazermos algo bom.
E agora, enquanto oramos a ti,
Ajuda-nos a crer no teu amor,
para que possamos ter certeza
de que tu ouvirás a nossa oração;
Ajuda-nos a crer no teu poder,
para que possamos ter certeza
de que tu podes fazer por nós
bem mais do que pedimos ou pensamos;
Ajuda-nos a crer na tua sabedoria,
para que possamos ter certeza
de que tu responderás,
não segundo o que pede a nossa ignorância,
mas segundo o que a tua perfeita sabedoria sabe que
é melhor.
Tudo isto pedimos por meio de Jesus Cristo, nosso Senhor.
Amém.[2]

[2]Ibid., p. 134-5.

55

Você também pode sobreviver

Os sobreviventes dizem: "Posso enfrentar o desafio da vida e lidar com a pressão e as crises dela sem negar que existam ou desistir". Aprecio principalmente essa última atitude de um sobrevivente. Não é somente o que acontece conosco que é tão importante, mas a maneira pela qual respondemos ao que nos acontece. É a capacidade de aceitar o que está dito em Tiago 1:2,3 e aplicá-lo a nossa vida: "Meus irmãos, considerem motivo de grande alegria o fato de passarem por diversas provações, pois vocês sabem que a prova da sua fé produz perseverança". Lembre-se de que sobrevivente é a pessoa que entende o sentido do que lhe aconteceu. Nunca, nunca deixe que a esperança escorra por entre seus dedos.[1]

Um amigo foi acometido de esclerose múltipla. Dave foi um sobrevivente. Nos primeiros anos da doença, ele sofreu também a dor do divórcio. Em 1990, quando ainda estava, de certo modo, tentando andar, ele se casou novamente com uma mulher

[1] Ann Kaiser STEARNS, *Coming back*, New York, Random House, 1988, p. 58-179; adaptado.

catorze anos mais nova. Ao se prepararem para a vida conjugal, e tendo de conviver com uma doença que pioraria cada vez mais, ambos participaram de várias conferências pelos Estados Unidos sobre esclerose múltipla a fim de aprender o máximo possível com relação ao que esperariam no futuro. Lisa começou a preparar uma dieta específica mesmo antes do casamento. Os dois discutiram questões que, segundo imaginavam, teriam de enfrentar no futuro, incluindo o fator relacionado à idade, quem no final sustentaria a família: se teriam ou não filhos.

O casal teve dois filhos, e Dave ficou em casa. Ele teve de se afastar do trabalho por causa de sua deficiência física. Lisa dava aulas na escola até o meio-dia e depois voltava para casa. Perguntei para Dave: "Como vocês conseguem? Como vocês seguem a vida?". Eis o que ele me disse:

> Em primeiro lugar, é meu relacionamento com o Senhor. Minha fé nele tem me sustentado. Depois é Lisa. Quando fizemos os votos matrimoniais, ela prometeu ser minhas mãos e meus pés. E é o que ela está fazendo cada vez mais. Aprendi a fazer ajustes em minha vida para o que eu não poderia mais fazer. Era difícil responder às cartas e *e-mails* usando meu computador. Por isso, adquiri um computador ativado por voz e pude ser mais verbal do que nunca em minhas respostas.
>
> Outro fator tem sido a memorização da Palavra de Deus. Recito os versículos em voz alta, o que fortalece os músculos de minha boca. Com a esclerose múltipla, o modo de falar tende a ficar descoordenado, e o fortalecimento dos músculos ajuda a evitar isso. Você perde muitas habilidades no caso de ter esclerose múltipla. Toda vez que perde uma,

você tem de lutar contra a tendência de desistir de tudo. Quando cada habilidade se vai, você precisa sofrer essa perda exatamente como fazia antes. Você nunca chega ao fim do processo de sofrimento nesse persurso. Contudo, memorizar a Palavra de Deus é o que dá a força e confiança interior, bem como a dependência do Senhor.

Você consegue ver todos os fatores envolvidos na sobrevivência desse homem? A fé de Dave em Deus e sua confiança nos outros, principalmente na mulher, foram fatores sólidos que lhe permitiram superar as deficiências. Dave não desistiu. Levou adiante a vida com uma nova família, fazendo ajustes, descobrindo novas formas de agir, confiando na Palavra de Deus e enfrentando cada perda ao sofrê-la. É isso o que é preciso para seguir em frente.

Gosto da seguinte oração de Charles Swindoll. Incentivo você a fazer desta oração a sua:

> Não é sempre, Pai, que fazemos tal afirmação, mas hoje agradecemos a ti as injustiças que nos debilitaram, nos arruinaram e nos esmagaram. Queremos expressar nosso apreço pelas coisas que nos levaram à posição de submissão.
>
> Expressamos a nossa gratidão pelas coisas que tu nos ensinaste por meio da cegueira, da perda e da paralisia; pelo crescimento por meio de sonhos partidos, parcerias desfeitas, doenças e tristeza; pelo desenvolvimento de caráter por meio da insegurança, do fracasso e até do divórcio. Vemos a tempestade, mas estamos começando a te ver além da tempestade. Como a nossa atitude é essencial!

Obrigado, sobretudo, porque tu nos ajudas a vencer o ceticismo.

Oro por aqueles que estão nestas e em uma centena de outras categorias, para que possamos superá-las e encontrar em Jesus Cristo a força para continuar, sobretudo por aqueles que, há apenas alguns instantes, acabaram de tomar a decisão de desistir. Oro que, em vez disso, eles entreguem tudo a ti em um ato de total renúncia.

É no nome poderoso de Jesus Cristo, o Vencedor, que oro. Amém.[2]

[2]*Living on the ragged edge*, Nashville, Thomas Nelson / W Publishing, 1990.

56

Dando adeus ao sofrimento

"Eu me sinto desorientado. É como se eu não conseguisse encontrar a direção." Isso é o que muitos dizem, contudo a desorientação associada à dor diminuirá. Como você saberá se ela está prestes a acabar? São vários os sinais que mostrarão que você está se ajustando e se recuperando.

Um dos primeiros sinais consiste em uma sensação de alívio. É uma mudança do foco de seus pensamentos. Em lugar de os pensamentos ficarem presos a lembranças do ente querido ou curiosos por saber o que ele estaria pensando ou fazendo, a postura tem mais a ver com pensar em viver a própria vida agora e no futuro. Você se esforça mais e sente como se estivesse vivendo a vida. Como uma mulher disse: "Meu sofrimento agora se parece menos com um peso sufocante, e mais com um bem valioso. Posso tirá-lo para fora e pensar nele, e depois guardá-lo com segurança e cuidado".

Outra indicação é a energia renovada. O cansaço começa a desaparecer. Agora, você consegue responder às atividades com as quais pretendia ocupar-se antes.

Uma terceira mudança está na capacidade de fazer um julgamento melhor. Normalmente, isso leva mais tempo para acontecer do que a maioria das pessoas imagina. Tomar decisões envolve concentração, e aqueles que estão sofrendo consideram tal coisa difícil. Os pensamentos tornam-se confusos, e permanecer concentrado é um desafio.[1]

No entanto, à medida que você se recupera, fica mais fácil tomar decisões.

Muitos solicitam um roteiro específico para a própria recuperação. As perguntas de cada um deles, na verdade, resumem-se a esta: O que faço para me recuperar e como saberei que estou conseguindo? A seguir, estão listadas algumas diretrizes que podem ajudar:

- Você é capaz de lidar com o caráter definitivo da morte.
- Você é capaz de rever lembranças tanto agradáveis quanto desagradáveis.
- Você é capaz de optar por passar um tempo sozinho e aproveitá-lo.
- Você é capaz de ir a algum lugar sem chorar na maior parte do tempo.
- Você está começando a esperar ansioso por feriados.
- Você é capaz de ajudar outras pessoas que estejam na mesma situação.
- Você é capaz de ouvir a música da pessoa querida sem sentir que é dolorido.

[1]Glen W. DAVIDSON, *Understanding mourning*, Minneapolis, Augsburg Publishing House, 1984, p. 78-80, adaptado.

- Você é capaz de ficar sentado até o fim de um culto de adoração sem chorar.
- Você é capaz de rir de uma piada.
- Seus hábitos alimentares, sono e exercícios começam a voltar ao que eram antes da morte.
- Você é capaz de se concentrar enquanto lê ou assiste à televisão.
- Você não se sente mais cansado.
- Você é capaz de encontrar algo pelo qual esteja agradecido.
- Você está começando a formar novos relacionamentos.
- Você está começando a experimentar a vida novamente.
- Você tem paciência consigo mesmo quando experimenta de novo uma "crise de sofrimento".
- Você está começando a descobrir um novo crescimento pessoal com a sua dor.[2]

A recuperação envolve muitos elementos, como dieta, exercícios, descanso e sono. Recuperar-se de uma perda é como ser obrigado a sair da estrada depois de percorrer muitos quilômetros porque a via principal está em construção. As placas da estrada levam-no a passar por cidadezinhas que você não esperava visitar e por estradas esburacadas nas quais não queria passar. Você está basicamente viajando na direção certa. No mapa, no entanto, a rota que você está trilhando mais parece com os dentes de um tubarão, em vez de uma linha reta. Embora aos poucos esteja chegando a seu destino, algumas vezes você duvida que

[2]Helen FITZGERALD, *The mourning handbook*, New York, Simon & Schuster, 1994, p. 249-50, adaptado.

encontrará a pista acabada. Existe uma pista acabada em seu futuro. Você não saberá quando nem onde, mas ela está lá. Você descobrirá um senso maior de adaptação quando souber de antemão o que experimentará, além de perceber que está respondendo com naturalidade.[3]

Caso você continue a se lembrar, a dor diminuirá. É possível que ela esteja gritando neste exato momento, mas algum dia ela sussurrará. A dor no coração desaparecerá. Você talvez não pense que isso seja possível neste momento de sua vida, mas o simples fato de ouvir essas palavras pode fazer com que o momento presente de sua vida torne-se mais suportável. Se você é cristão, a dor é diferente. Ela está misturada à esperança. O alicerce para essa fé é encontrado na morte e ressurreição de Jesus Cristo. "Ele é o Senhor sobre toda perda e toda angústia. Ele é o Senhor de toda a consolação e misericórdia. Ele é o Senhor da ressurreição, da restauração e da regeneração. Ele é o Senhor da vida."[4]

A esperança voltará para ocupar o lugar do desespero. O pó da seca e as nuvens escuras mudarão. Haverá um sorriso, em lugar de um olhar carrancudo; uma calmaria, em vez de tensão. Quando? Quando você tiver passado por sua dor e tiver cumprido o seu tempo. Saber até quando não faz com que as coisas se tornem mais fáceis. Como os autores disseram: "Para tudo há uma ocasião certa; há um tempo certo para cada propósito

[3]Ann Kaiser STEARNS, *Coming back*, New York, Random House, 1988, p. 85-6.

[4]Claire CLONINGER, *Postcards for those that hurt*, Dallas, Word Publishing, 1995, p. 55.

debaixo do céu [...] tempo de chorar e tempo de rir, tempo de prantear e tempo de dançar" (Ec 3:1,4). "... o SENHOR será a sua luz, para sempre, e os seus dias de tristeza terão fim" (Is 60:20).[5]

[5]Raymond R. MITSCH e Lynn BROOKSIDE, *Grieving the loss of someone you love*, Ann Arbor, Servant Publications, 1993, p. 177-8, adaptado.

57

A promessa do céu

O céu — você já pensou nele ou ficou curioso para ver como ele é? Ele parece tão distante, e, todavia, não está longe. É um lugar onde experimentamos a segurança de estar protegidos por Deus. É um lugar onde experimentamos eterna satisfação.

> Nunca mais terão fome, nunca mais terão sede. Não os afligirá o sol, nem qualquer calor abrasador.
>
> Apocalipse 7:16

As preocupações que tanto consomem nosso tempo e energia na terra cessarão por completo no céu. Em vez disso, o que vamos experimentar será a provisão imediata do próprio Pastor Jesus.

> Pois o Cordeiro que está no centro do trono será o seu Pastor; ele os guiará às fontes de água viva. E Deus enxugará dos seus olhos toda lágrima.
>
> Apocalipse 7:17

O céu liberta-nos de todas as coisas que pesam sobre a mente no momento atual. Lágrimas de tristeza, de remorso, de dor ou de perda normalmente fazem parte da vida agora, mas nunca no céu.

Um pastor falou sobre o céu e o descreveu de modo muito diferente. Ele o chamou de "Vivendo agora à luz do que ainda não existe". Eis o que ele disse:

> Sinto-me fascinado com o fato de a explicação das alegrias do céu ter sido dada a João por um dos anciãos que estavam em torno do trono de Deus. Essa não era a perspectiva de um anjo nem mesmo a declaração pessoal de Deus. Essas palavras vieram de alguém que havia experimentado o céu de forma pessoal como um ser humano remido. O ancião sabia o que era estar protegido debaixo da tenda de Deus. Ele conheceu o cumprimento de seu serviço a Deus como sacerdote. Ele havia chegado às fontes das águas vivas e estava plenamente satisfeito. Sabia o que era ter as lágrimas enxugadas por Deus.
>
> Penso que essa expressão quer dizer muito mais do que o fato de nunca mais chorarmos. Penso que significa que, no céu, chegaremos a entender *por que* derramamos tantas lágrimas aqui na terra. Veremos nosso estilo de vida pela perspectiva de Deus, e veremos que tudo o que Deus fez era muito bom. Por fim, veremos como Deus estava operando todas as coisas para nosso bem e para a sua glória. Neste exato momento, a nossa compreensão do que Deus está fazendo é limitada e até distorcida por causa de nosso egoísmo. Não começamos a compreender por que Deus permite

que a doença nos acometa ou uma doença incapacite e torture alguém que amamos. Derramamos lágrimas pungentes por um filho que parece estar distante do Senhor, mas não podemos ver o que Deus está fazendo na vida daquele filho para trazê-lo de volta. Mas algum dia veremos o plano que Deus está traçando, e até as lágrimas que derramamos aqui serão ternamente enxugadas.

Um amigo meu leva consigo uma peça de um quebra-cabeça em seu bolso. A imagem está apagada e as pontas estão gastas, mas ele a carrega como um lembrete constante de como Deus opera na vida dele. Em um momento especialmente difícil na vida de meu amigo, quando ele pelejava com um filho fora de si e uma empresa que ia à falência, a mulher dele sugeriu que os dois montassem um quebra-cabeça durante um final de semana nas férias. Enquanto montavam o quebra-cabeça, eles tiveram a oportunidade de falar sobre as questões que tanto afligiam o coração de ambos. Quando o quebra-cabeça estava montado e a imagem veio à tona, a esposa tirou uma peça do centro do quebra-cabeça. "Esta peça é tudo o que você vê no quebra-cabeça de sua vida, hoje", ela disse. "Só Deus consegue ver a imagem montada." A peça gasta do quebra-cabeça em seu bolso é um lembrete permanente de que Deus está operando na vida dele, mesmo quando ele não consegue ver como todas as peças se encaixam.

Deus sabe contra o que você está pelejando neste momento exato. Se você for um filho de Deus, essa dor ou perda é apenas uma peça do plano de Deus — e é possível que seja a peça que está no ponto central do plano montado.

> Deus não promete explicar as nossas provações. Ele só pede que confiemos nele, que creiamos que ele realmente está no controle e não nos abandonou. Mas, um dia desses, a imagem que ele está montando será revelada em toda a sua complexidade e beleza. Quando isso acontecer, a alegria que experimentaremos na bondade de Deus apagará toda a dor que sentimos neste momento.[1]

Portanto, quando você precisar de consolo, o que pode ser mais confortador do que perceber que você não está sozinho? Deus está agindo mesmo quando você se pergunta: "Onde ele está?". E há um lugar reservado só para você e para todo aquele que conhecer Jesus como o Senhor e Salvador de sua vida.

[1]Douglas CONNELLY, *The promises of heaven*, Downer's Grove, InterVarsity, 2000, p. 43-5, usado com permissão.

Caro leitor

Desejamos que este livro tenha correspondido a suas expectativas.
Para continuar a atendê-lo sempre melhor, compartilhe suas impressões de leitura desta obra escrevendo para:
opiniao-do-leitor@mundocristao.com.br

Cadastre-se para receber nossos informativos no *site*:
www.mundocristao.com.br

Acesse nosso *blog*:
http://www.mundocristao.com.br/blog

Editora Mundo Cristão
Rua Antonio Carlos Tacconi, 79
04810-020 — São Paulo — SP

Este livro foi composto por Viviane R. Fernandes Costa,
em Goudy Old Style BT, e impresso pela Imprensa da Fé,
em papel Chamois Fine Dunas 67 g/m², com filmes
fornecidos pela MJ Serviços de Composição Ltda.